네 개의 사과와 하얀 테이블

Four Pairs of Eyes

그림 김지후 ©Jihoo Kim

김서영 김지헌 김정민 김지후

그리고 최성임 지음

Seoyoung Kim   *Jiheon Kim*   *Jeongmin Kim*   *Jihoo Kim*

& Sungim Choi

목차

들어가며	11	김서영

하얀 테이블을 사이에 두고

우리의 하얀 테이블	23	김서영
네 개의 사과	33	김지후
아침 사과	37	김서영
차가 꽉 찼을 때	45	김서영
우리 엄마는 배트맨인가, 아니면 아트맘이라고 해야 하나	51	김정민

시끄럽고 반짝이고 끈적끈적한

엄마의 소리	63	김지헌
빨간 솜사탕	71	김지후
반짝이	73	김지후
그냥 기계를 써요	75	김서영
우아한 실	79	김지후
끈에 엮인 엄마의 손	83	김지후
운명의 가닥들	85	김지후
맨드라미 꽃처럼	87	김서영
끈적끈적한 창문	97	김지후
쿵쿵대지 마	101	김서영

우리는 나무처럼

발끝으로 서기	111	김서영
자연과 함께 하는 산책	115	김정민
나의 두 번째 장소	121	김지헌
건설 작업	133	김정민
나무처럼	141	김지헌
우리 엄마는 기계치예요	149	김서영

엄마의 숲

황금빛 베일	157	김정민
우리가 당연하게 여겼던 것들	167	김지헌
빨갛고 더러운 공들	177	김정민
붉은 열정	187	김지후
끝없는 숲	191	김지후
내게 보이는 10년	195	김서영

마치며	205	김서영
네 쌍의 눈	209	최성임
글쓴이 소개	223	
아티스트 소개: 최성임	233	김서영
단 한 사람의 생	235	김지연

Contents

Book Introduction	10	Seoyoung Kim

Sitting Around a White Table

Our White Table	22	Seoyoung Kim
Four Apples	32	Jihoo Kim
Morning Apples	36	Seoyoung Kim
When the Car's Full	44	Seoyoung Kim
My Mom Is Batman or Should I Say Artmom	50	Jeongmin Kim

Noisy, Glittery, Sticky

Sounds of My Mom	62	Jiheon Kim
Red Cotton Candy	70	Jihoo Kim
Sparkles	72	Jihoo Kim
Should Use a Machine	74	Seoyoung Kim
Threads of Elegance	78	Jihoo Kim
Mom's Hand in Strings	82	Jihoo Kim
Strands of Fate	84	Jihoo Kim
Like Cockscomb Buds	86	Seoyoung Kim
A Sticky Window	96	Jihoo Kim
Don't Stomp Around	100	Seoyoung Kim

We Have Grown Up Like Trees

Standing on Tiptoes	110	Seoyoung Kim
A Walk with Nature	114	Jeongmin Kim
My Second Place	120	Jiheon Kim
Construction Work	132	Jeongmin Kim
Like a Tree	140	Jiheon Kim
My Mom Isn't Techsavvy	148	Seoyoung Kim

My Mother's Forest

Golden Veil	156	Jeongmin Kim
The Things We Took for Granted	166	Jiheon Kim
Red Dirty Balls	176	Jeongmin Kim
Passion in Red	186	Jihoo Kim
Endless Grove	190	Jihoo Kim
Ten Years of Seeing	194	Seoyoung Kim

Final Remarks	204	Seoyoung Kim
Four Pairs of Eyes	208	Sungim Choi
Writers' Introduction	222	
Artist Introduction: Sungim Choi	233	Seoyoung Kim
One and Only Life	234	Jiyeon Kim

Notes

All original text written by Seoyoung Kim is both English and Korean. The original text by Jiheon Kim, Jeongmin Kim, and Jihoo Kim is in English, while the original text of Sungim Choi and Jiyeon Kim is in Korean.

The family of six people in the book consists of four authors: Seoyoung Kim, Jiheon Kim, Jeongmin Kim, and Jihoo Kim, artist Sungim Choi, and their ardent supporter Hyungseok Kim.

All the contents of this book began with Sungim Choi's work as a motif; but in fact, this may not be the case at all. All sentences are not written in past tense, indicating the growing nature of the information provided.

일러두기

김서영의 글은 영어, 한국어가 원문이다. 김지헌, 김정민, 김지후의 글은 모두 영어가 원문이고, 최성임과 김지연의 글은 한국어가 원문이다.

책 속의 등장인물인 6명의 가족은 김서영, 김지헌, 김정민, 김지후 네 명의 저자와 아티스트 최성임, 그리고 그들의 든든한 지지자 김형석으로 구성된다.

이 책의 모든 내용은 최성임의 작업을 모티브로 시작했으나, 사실 전혀 그렇지 않을 수도 있다. 모든 문장은 완료형이 아니고, 자라나고 있음을 밝힌다.

Book Introduction

Looking at one person's work can appear to be appreciating art from an ornamental perspective, yet I believe this only scratches the surface of its significance.

For as long as I can remember, my mom has always been engrossed in her work, so I have never thought of her as someone who is not busy and occupied. My mother is a person who has lived her life as an artist while being the mother of four children. When I would come home from school, there was always a piece of my mom's work in at least one corner of our home. Naturally, we befriended art at a very young age as we were exposed to our mom's

들어가며

사람들은 누군가 만든 작품을 바라볼 때 예술의 아름다움을 감상한다고 생각하지만, 나는 그게 작품의 표면 아래 감춰진 의미를 미처 보지 못하는 것이라고 믿는다.

내가 기억하는 한, 우리 엄마는 항상 작업에 몰두해 있었다. 그래서 나는 작업을 하지 않거나 바쁘지 않은 모습을 엄마라고 생각해 본 적이 없다. 우리 엄마는 네 아이의 엄마이면서 동시에 예술가로 살아온 사람이다. 학교를 마치고 집에 돌아오면, 항상 엄마가 작업하다 만 것들을 볼 수 있었다. 그래서 나와 동생들은 어릴 때부터 자연스럽게

work every day—the art encompassing seemingly contrasting aspects: the visible artworks themselves versus the hidden process behind them.

My mom starts each process step by step, regardless of the extensiveness and rigor of the project: from a couple of centimeters to tens of meters of work. At first, my initial thought was, 'How did she manage?' I could, with my own two eyes, see that the small lines of strings or squiggles of the pencil eventually became something so much more that filled a picture frame, a wall, an entire room, and even covered entire ceilings.
I perceived them as something constantly sprouting and stemming across the plane.
I later started to notice how the smallest changes every day ultimately grew bigger

엄마의 작업을 보며 자랐고, 예술 작품에는 눈에
보이는 모습과 뒤에 숨겨진 과정이 함께 존재한다는
사실을 알게 되었다.

엄마는 작업이 몇 센티, 몇 미터, 몇십 미터의
규모이든 상관없이 한 땀 한 땀 차근차근 과정을
밟아 나갔다. 처음에는 '이게 가능하다고요?'
싶었던 것들이 하나의 액자를 채우고 하나의 벽을
채우고 방 전체를 채우더니 마침내 천장까지 뒤덮는
무언가가 되고 말았다. 나는 그런 엄마의 작업을
보면서 평범한 상태를 넘어 싹을 틔우는 예술적인
재능이라고만 생각했다. 하지만 결국 깨달았다. 매일
만드는 작은 변화가 무엇보다 큰 성장을 이룬다는
사실을. 작업 과정의 모든 요소가 작품의 일부였다.
그러니까 결국에는 하나의 작은 시작이 커다란
세계를 만들어낸다.

than anything else. All aspects that went into the work were part of it. In the end, one small beginning created a world.

However, when my mom fills different spaces with her work, the people who visit and appreciate with their eyes cannot get lost in the mesmerization of the world she is creating. It's like looking at the outside and not being able to see inside. In my life, I have seen the smallest weaving and stitching, which are seemingly trifles that start off the beginnings of work.

Someone could be oblivious to what kind of person my mom is if they were not part of our family. My mom, as an artist, has become such a part of my life that I cannot imagine my life without clouds of sparkles

하지만 엄마의 전시를 보러 오는 사람들은 엄마가
작업하는 과정에서 볼 수 있는 황홀한 세계에
빠져보지 못한다. 겉모습만 보고는 내면을 알
수 없는 것과 같다. 나는 엄마와 함께 살면서,
아주 작은 단위로 무언가 엮거나 잇는 사소한
행동에서부터 작품이 시작된다는 사실을 자연스레
마주하게 되었다.

우리 가족이 아니라면 엄마가 어떤 사람인지
모르겠지만, 예술가로서의 우리 엄마는 내
삶의 일부나 마찬가지다. 나는 우리 집 부엌에
날아다니는 반짝이 먼지들이나 때때로 창고가 되고
마는 우리 자동차가 없는 삶을 상상할 수 없다.
그 덕분에 나는 작품을 보면, 이걸 만든 예술가를
실제로 알건, 아니건 상관없이 '이 예술가는 어떤
삶을 살았을까?' 혹은 '이들은 어떤 사람일까?'라는

in our kitchen and occasional our-car-is-for-storage situations. When I come across a piece of work, whether it be from someone I know or not, I begin asking questions: what kind of life did the artist live? What kind of person are they? Looking back on my family's life with my mom, an artist would call one's life and all of it 'art'.

We are at a pivotal moment in our lives when I, the eldest, am about to graduate high school, while my younger siblings will soon follow in my footsteps. So, with my siblings, Jiheon Kim, Jeongmin Kim, and Jihoo Kim, the four of us would like to introduce our mom's work, as seen through our four pairs of eyes. I thought our writings and drawings together would be the best medium to do so. I wanted to look at the significant meaning and

생각을 먼저 하게 되었다. 예술가의 인생 그 자체가 작품이라고 할 수 있다. 엄마와 함께 한 우리 가족의 삶을 돌이켜보며 알게 된 것이다.

나는 곧 고등학교를 졸업할 것이며, 동생들도 나의 뒤로 줄이어 성인이 되어 독립하게 될 것이다. 우리 가족의 커다란 변화를 앞둔 지금, 우리들만의 특별한 시선으로 가족의 다음 챕터를 써 내려가고 싶다. 우리 네 남매 앞에 펼쳐진 미래로 나아가기에 앞서, 나는 내 동생들, 김지헌, 김정민, 김지후와 함께 엄마의 작품을 소개해 보려고 한다. 네 쌍의 눈을 통해 작품 뒤에서 본 것들을 말이다. 그러기 위해서는 우리가 직접 쓴 글과 그림이 가장 진실한 방법이라고 생각했다. '예술가' 최성임이 아닌 우리 '엄마'라는 인물, 그리고 그의 작업에 담긴 의미들을 깊이 살펴보고 싶다. 이 과정은 다른 사람들의

interpretation that can be found in the works and in the figure of our "mom" rather than the "artist" Sungim Choi. I felt like the four of us could look at the works not only through the interpretation that an artist creates but also see beyond the expected and, rather, see the influence of the smallest things that can be found in my mom's life. This refers to the work process that is invisible to other people and the mother that we saw and felt as we grew up.

This book will be a book that introduces the world of my mother, artist Sungim Choi. With hopes that people will see beyond the crystallization of her art that everyone can clearly see and rather discover the world of artist Sungim Choi that only we can see.

Seoyoung Kim

눈에는 보이지 않는 과정, 우리가 자라면서 보고
느낀 엄마에 대한 이야기다.

그러니까 이 책은 나의 엄마, 최성임의 세계를 알리는
책이 될 것이다. 누구나 쉽게 볼 수 있는 최성임
작가의 예술을 넘어서, 우리만이 볼 수 있었던
엄마의 세계를 발견하길 바란다.

김서영

Sitting Around a White Table

하얀 테이블을 사이에 두고

Seoyoung Kim

Our White Table

The white table has always been placed in our house, whether it be in the living room or in the kitchen.

We bought it for one reason and one reason only: a big table to share with all six members of our family and to be enough for us. Because the table is for six people to share, each of us has our own area. No matter where we sat around the white table, we had an unspoken rule of bypassing each

김서영

우리의 하얀 테이블

우리 집에는 항상 하얀 테이블이 자리잡고 있다.
거기가 거실이든, 주방이든 말이다.

이 테이블을 산 이유는 우리 여섯 가족이 모두 둘러
앉을 수 있을 만큼 컸기 때문이다. 여섯 명이나
앉을 수 있는 커다란 테이블이기 때문에 모두 자기
영역을 어느 정도 확보할 수 있다. 우리 사이에는
자기 자리가 아닌 곳에 앉으면 안 된다는 암묵적인
규칙이 있다. 예를 들면 노란색 냉장고 손잡이에

designated area: you shouldn't cross over and use others' spaces. For instance, my space is the seat in front of our yellow refrigerator, where I can reach the door handle at arm's length. My mom's seat is the one across from me in front of the massive canvas and next to the tall figure lamp.

Before we moved, the table sat off-center in our living room. After we moved, the table resides in the kitchen with varying colors of chairs: white, black, and brown. We use it as a dining table for breakfast at six thirty in the morning or dinner at seven at night coming home after school. Our day would pretty much revolve around the white table, especially during the weekends. All of us had to sit down around the table when we had anything to do.

손을 뻗으면 닿을 수 있을 수 있는 곳은 내 자리고, 내 맞은편, 그러니까 기다란 조명 옆이자 엄청나게 큰 캔버스 앞은 엄마의 자리다.

하얀 테이블은 이사하기 전에는 거실에 있었지만 지금은 부엌에 있다. 그리고 흰색, 검은색, 갈색 등 다양한 의자가 함께 놓여 있다. 우리는 여기서 매일 6시 30분에 모여 아침을 먹고 학교에 가고, 집에 와서는 7시에 함께 저녁을 먹는다. 특히 주말에는 이 테이블에 모여서 하루를 보내곤 한다. 각자 할 일이 생기면 일단 테이블에 둘러앉는다.

이 테이블은 우리 모두의 작업공간이다. 글도 쓰고, 그림도 그리고, 디자인도 하고, 이것저것 만들 수도 있는 모두의 작업실인 셈이다. 아빠와 우리 네 남매는 여기서 노트북이나 공책을 가지고

The table has always been everyone's makerspace: a makerspace for writing, drawing, designing, crafting, and so much more. As for the four of us and our Dad, the space is used to complete tasks on our laptops and notebooks, from minor homeworks to tests. For our mom, the table was her makerspace, where she could come up with upcoming exhibitions, sew, cut, weave, draw, and quite literally anything we could think of that fit into her space of the table.

Every night, when we had too much on our plate, our mom would sit with us at the white table. When, one by one, we left the white table to go to bed, she would come with us to our rooms and tuck us into bed. She would then return to the white table. Indeed, she could break our unspoken seating plan at night, but

여러 가지 일을 해낸다. 사소한 숙제에서부터 시험 준비까지 모든 것을 말이다. 엄마에게는 이 테이블이 작업실이나 마찬가지다. 엄마는 여기서 다가오는 전시회를 위해서 바느질을 하거나, 자르거나, 엮거나, 그림을 그린다. 테이블 위에서 할 수 있는 모든 작업을 거기서 해낸다.

우리가 할 일이 너무 많아서 밤마다 하얀 테이블에

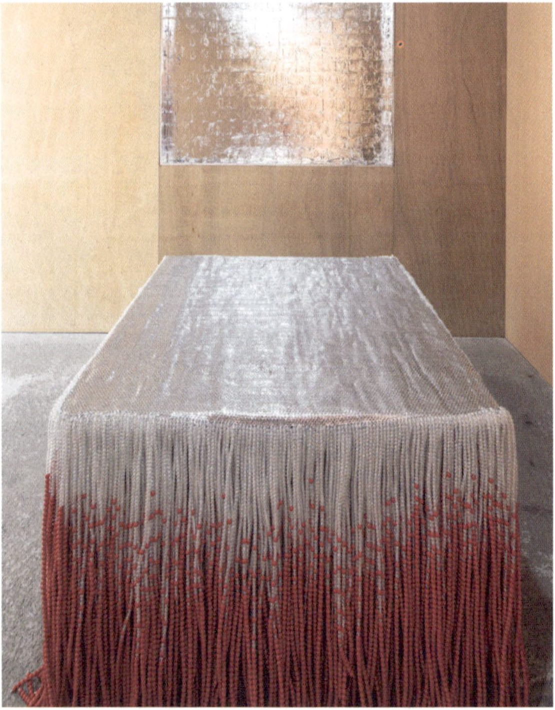

가족을 위한 식탁 *Family Table*
2023

앉아 있으면, 엄마 또한 우리와 함께 앉는다. 그리고 우리가 한 명씩 테이블을 떠나서 자러 가면, 엄마는 방까지 함께 와서 침대에 눕는 모습을 지켜보고 다시 테이블로 돌아가곤 했다. 사실 우리가 모두 자러 간 밤이면 엄마는 규칙을 어길 수도 있었다. 자기 자리가 아닌 곳에 앉으면 안 된다는 암묵적인 규칙 말이다. 엄마는 아무도 없을 때에도 항상 테이블의 오른쪽 구석, 커다란 캔버스 앞, 키 큰 조명 옆에 앉아 있었다.

엄마는 어디에 있든 항상 할 수 있는 작업을 했다. 우리를 학원에 데리러 올 때도, 주말여행을 떠날 때도, 늘 차에 앉아서 실을 엮고 자르면서 상상할 수 있는 모든 일을 해냈다. 언제든, 어디에 있든 항상 할 수 있는 것을 하고 완성해 내곤 했다.

she never did. She always sat on the right corner of the table in front of the massive canvas and next to the tall figure lamp.

No matter the space, our mom always worked on her projects. Whether it was on the car ride to our weekend trips or carpool, she would do everything in the passenger's seat: weave strings, cut strings, and pretty much anything you can imagine. At any rate, she completed everything whenever and wherever she could.

The white table in our kitchen was and still is the makerspace for our mom. The table where food and notebooks are placed was also filled with memories of her exhibitions from when I was young in elementary school.
Our white table holds a dear place in our memories as our mom's working table.

김서영

우리 집 부엌에 있는 하얀 테이블은 그런 엄마의 작업실이었고, 지금까지도 그러하다. 우리의 공책이 놓여 있는 자리, 밥을 먹는 곳이기도 하지만, 여기엔 내가 초등학교 때부터 보아 온 엄마의 전시에 관한 추억이 가득 담겨 있다.

그러니까 이 하얀 테이블은 우리에게 있어 엄마가 작업하는 모습이 그대로 담겨 있는 소중한 장소다.

Jihoo Kim

Four Apples

This artwork portrays four apples, which represent us, the four children of Sungim Choi.

Every day, we always eat apples after eating breakfast. Our mom tells us every morning that the apples are good nutrients for us and would help us stay healthy. She has said this

그림 김지후 ©*Jihoo Kim*

김지후

네 개의 사과

이 그림 속 네 개의 사과는 최성임 작가의 네 자녀인 우리들을 나타낸다.

우리는 매일 아침 식사 후에 사과를 먹는다. 엄마는 사과가 몸에 좋은 영양분이 많은 과일이며 우리가 건강해지는 데 도움이 될 거라고 늘 말씀하신다. 거의 몇 년 동안 매일 이 얘길 하셨다. 나는 그림에 이런 우리의 일상을 그리고 싶었다. 그래서 우리 남매들을 네 개의 빛나는 빨간 사과로 비유해서 그려 보았다.

almost every day for the past several years. So, by portraying us as four bright red apples, I wanted to reflect our daily routine and our daily lives. In this artwork, the size of the apples portrays our heights, and the shade of red determines our ages. In the center-right of the artwork, there is a big light red apple, which depicts my brother, who is the tallest in the family and is the second youngest, so the apple has a light shade of red. Each apple has a distinct characteristic, showing that each of us has a different personality and that we are all different people.

Above the apples is a tree branch, and using this, I demonstrated the saying, "The apple doesn't fall far from the tree." It shows that even though we are all different, we all resemble the characteristics of our parents.

김지후

그림에서 사과의 크기는 우리의 키를, 빨간색의 명도는 우리의 나이를 나타낸다. 오른쪽에서 두 번째에 있는 가장 큰 사과는 우리 중에서 가장 키가 큰 오빠다. 오빠는 우리 중 두 번째로 나이가 어려서 조금 밝은 색으로 칠했다. 각각의 사과는 서로 다른 특징을 가지고 있는데, 이건 우리 네 명이 서로 다른 성격을 가진 다른 사람이기 때문이다.

사과 위에는 나뭇가지를 그렸는데, '사과는 나무에서 먼 곳에 떨어지지 않는다.'*라는 말을 표현하고 싶었다. 우리 모두는 다르지만 한편으로 모두가 부모님의 특징을 닮았다는 뜻이다.

* 편집자주
영어권 속담으로, 나무는 부모를 뜻하고 사과는 자녀를 뜻하며, '자식은 부모를 닮는다'는 뜻으로 쓰인다. 비슷한 우리나라 속담으로 '피는 못 속인다'가 있다.

Seoyoung Kim

Morning Apples

The "Red Tree" includes tens of thousands of 5.8 centimeters red balls. The red balls always remind me of apples: the common red apples that break off with a crunch. If we count the number of apples we've eaten so far, the number may exceed Mom's red balls. Having eaten possibly too many apples for years, apples have their own little story.

Every single day, at six thirty am, the four of us would drowsily sit around the white table

김서영

아침 사과

엄마의 작품 <붉은 나무>에는 5.8센티미터 크기의 공 수만 개가 들어간다. 빨간 공들을 보면 늘 사과가 생각난다. 아삭하게 씹히는 흔한 빨간 사과 말이다. 우리가 지금까지 먹은 사과의 개수가 엄마의 작품 속 붉은 공 개수를 넘을 수도 있다. 이렇게 아침마다 사과를 먹어온 우리 가족에게 '아침 사과'는 작고 특별한 이야기를 담고 있다.

매일 아침 6시 30분, 우리 넷은 하얀 테이블에

and eat our breakfast. Our mom would pass us a bowl of four slices of apples, crookedly cut into four pieces, almost equal in size. But, the catch was that they were only "almost" equal in size; there was a size difference.

In the order of completing breakfast, we would be given the choice to pick the smallest apple slice from the bowl. Of course, the first to go had the most options. It was usually Jiheon who would examine the apples one by one to pick the smallest one she could find. Then, it was Jihoo who would swiftly pick up the remaining three apples and weigh them by hand. With that, only two apples remained.

The next few minutes would be a race between Jeongmin and myself. Jeongmin was a slow eater who would only start eating

둘러앉아 아침을 먹는다. 엄마는 비슷한 크기의 사과 네 조각을 그릇에 담아 우리에게 건네주곤 했는데, 여기서 포인트는 그 크기가 '거의' 같다는 것이었다. 미세한 크기 차이는 있었다.

가장 작은 사과를 고르는 것은 우리에게는 행운이나 다름없었다. 우리는 아침 식사를 마치는 순서대로 그릇에서 사과 조각을 고를 수 있었고, 당연히 먼저 식사를 끝내는 사람이 가장 작은 사과를 고를 수 있게 되었다. 보통 제일 작은 사과를 고르는 사람은 지헌이었다. 지후는 그다음으로 남은 사과 세 개를 재빠르게 집어 손으로 무게를 재곤 했다. 그러고 나면 사과는 두 개밖에 남지 않는다.

그 뒤로 몇 분간은 정민이와 나의 경주가 시작된다. 정민이는 보통 지후가 숟가락을 내려놓고 나서야

after Jihoo put her spoon down. Most of the time, I would finish faster, picking the third-smallest apple slice. Jeongmin would pick up the last slice remaining in the bowl. Just like that, he would lose the race to get that one last apple.

I remember this order by heart; the order would only ever change when breakfast was jangjorim or fried rice, food that all four of us had the early morning appetite to gobble up in less than ten minutes. The apple race would finish in an entirely different order; I would be first in place, then Jihoo in second, Jiheon in third, and Jeongmin at last.

Having eaten apples every single day for as long as I can remember, the four of us are not that fond of apples. Eating daily morning

밥을 먹기 시작한다. 그래서 나는 세 번째로 작은 사과 조각을 먼저 집을 수 있었고, 정민이는 그릇에 남은 마지막 조각을 집어 들게 되었다. 그렇게, 김정민은 우리 둘의 마지막 사과 경주에서 지고 만다.

나는 우리가 사과를 선택하는 순서를 늘 기억하고 있다. 하지만, 아침 메뉴가 장조림이나 볶음밥일 때에는 순서가 바뀌곤 한다. 이른 아침이라도 입맛에 맞는 음식이 나오면 모두가 십 분도 채 되지 않아 밥을 다 먹는다. 그럴 때 사과 경주는 완전히 다른 순서로 끝나는데, 내가 1등, 지후가 2등, 지헌이는 3등, 그리고 정민이가 4등이 된다.

우리 넷은 매일 사과를 먹어 왔기 때문에 그다지 좋아하지 않는다. 아침마다 사과를 먹는 것은

apples was a rule our mom set very, very long ago. Apples, my mom would say, contained the most vitamins and, like the adage, "An apple a day keeps the doctor away." We have been and still are very healthy, so here's to our four-morning apples.

엄마가 아주 오래전부터 정해놓은 규칙이다.
우리 엄마는 사과가 가장 많은 비타민을 함유한
음식이라고 믿는 것 같다. "하루에 사과 한 개를
먹는 것이 의사를 멀리 하게 한다"는 격언처럼
말이다. 물론, 우리는 지금까지도 매우 건강하다.
이것은 아침 사과 덕분이라고 할 수도 있겠다.

Seoyoung Kim

When the Car's Full

How full the car is determines how busy my mom is.

Our car is a red-wine-colored Toyota Sienna with seven seats in total. The two back rows can completely fold to create a huge back trunk without any hindrances. This opens up and creates a perfect space for my mom to place her artwork: be it small or large, all would fit. From skeins of yarn to glass chandeliers, my mom would gently place them all in the back.

김서영

차가 꽉 찼을 때

차가 얼마나 가득 찼는지에 따라 엄마가 얼마나 바쁜지 알 수 있다.

우리집 차는 총 7개의 좌석이 있는 레드와인색의 미니밴이다. 뒷좌석의 2열을 완전히 접으면 트렁크를 넓게 만들 수 있다. 그렇게 하면 엄마의 작품과 재료를 실을 수 있는 완벽한 공간이 마련된다. 작은 물건이든 큰 물건이든 모두 들어간다. 실타래부터 유리 샹들리에까지 엄마는 모든 것을 조심스럽게 트렁크에 싣곤 한다.

When she would come to pick us up, we would have to sit shotgun to lift up a car seat in the back to make room for us. We've gotten used to how it's done.

It's always when the car is full that my mom is at peak season: when she has multiple exhibitions at once and when she has to drive around all over Korea to display her works. The Sienna is her car; she always uses it to move everything and everyone around.

Even last week, I had to sit in the back of the car next to colorful skeins of yarn. I had to sit in the back of the car because the car was full, and, yet, my mom came to pick us up from school, from hagwon, and from the bus station. Most times, the trunk would be filled with ball-filled onion bags tightly fitted in huge vinyl

김서영

엄마가 우리를 데리러 올 때면, 우리는 뒷좌석을 펼쳐 앉을 자리를 직접 확보해야 한다. 이제 이런 상황에 익숙해졌다. 엄마가 여러 전시를 한꺼번에 열거나 작품을 설치하러 전국을 돌아다닐 때면 차 안은 가득 찬다. 엄마의 성수기다. 이 차는 엄마의 작업과 관련된 모든 것들, 모든 사람들을 싣고 달린다.

지난번에도 나는 차의 뒷좌석에서 알록달록한 실타래와 함께 앉아야 했다. 엄마가 차를 가득 채운 채로 학교, 학원, 버스 정류장으로 우리를 데리러 오셨기 때문이다. 차 안에는 대개 커다란 비닐봉지가 빽빽하게 실려 있는데, 비닐봉지 안에는 공을 끼운 양파 그물망이 가득 들어 있다. 엄마는 갤러리나 작업실에 도착하면 그 커다란 비닐봉지를 차에서 꺼낸 뒤 한 번에 두 개씩 어깨에 들쳐 메고 걷는다.

bags. Once she gets them out of the car, she takes two at once and carries them on her shoulders; she moves them to the gallery or walks them to her working studio.

She often forgets to clean the car, and all of us know it's because she's busy, not because she's careless. It's because she has to work and pick us up. It's like when my Dad has suits and jackets in the back of his car. It's not bothersome; it's just him working. It's like when a cellist has a cello in the back of the car. It's not messy; it's her passion.

So, when the car's full, I know she's an artist. When the car's full, I know she's my mother. She completes her work with passion, and yet she loves us more.

엄마는 종종 차 안을 치우는 걸 잊어버린다. 하지만 우리는 엄마가 청소에 신경 쓰지 않은 것이 아니라 너무 바빠서 그랬다는 걸 안다. 엄마는 한창 작업을 하다가도 우리를 데리러 와야 하니까. 아빠가 정장 재킷을 차 뒤에 실어두는 것도 같은 경우라고 생각한다. 귀찮아서 그러는 게 아니라 일하는 중인 것이다. 첼리스트가 차에 첼로를 실어두는 것과 비슷하다. 그러니까 차가 지저분한 게 아니라 여기 엄마의 열정이 쌓여 있는 것이다.

차가 가득 차 있을 때면 우리 엄마가 예술가라는 사실을 다시 깨닫는다. 그리고 이 사람이 바로 우리 엄마라는 걸 알 수 있다. 엄마는 정말 열정적으로 작품을 완성해낸다. 그리고 그보다 더, 우리를 사랑한다.

Jeongmin Kim

My Mom Is Batman or Should I Say Artmom

I used to think teachers lived at schools. I used to think that the lights inside the microwave stayed on when it was closed. And I used to think that my mom stayed home when we were at school. And I realized that wasn't true.

When me and my sisters all came back from school, my mom would always be there to greet us. We normally arrived from school around 2:45. If I ran so that I could play

김정민

우리 엄마는 배트맨인가, 아니면 아트맘이라고 해야 하나

어릴 땐 선생님들이 학교에 사는 줄 알았다. 전자레인지를 닫아도 그 안에 계속 불이 켜져 있다고 생각하곤 했다. 그리고 내가 학교에 갔을 때 우리 엄마는 당연히 계속 집에 있을 거라고 생각했다. 나는 이제 그게 아니라는 걸 알게 되었다.

우리 남매가 학교에서 돌아올 때마다 엄마는 늘 집에서 우리를 반겨줬다. 보통 오후 2시 45분쯤이다. 가끔 내가 아이패드 게임을 5분이라도 더 하고 싶은

games with my iPad for at least 5 minutes, I would arrive home at 2:38. But still, my mom would closely trail behind me, coming home about several minutes right after.

I used to always hate the presence of my mom: partly because I was a typical teenage boy, a game addict. And, of course, my mom didn't allow it. So, my mom had always attempted to "steal" my iPad, so she was another typical mom who didn't want her son to get caught up in games. In other words, she had always cared for me and loved me, even though she was living a dual life. A Batman life. An "Artmom" life is a dual life; half a mom, the other an artist.

As the years passed, my mom continued to be a constant presence, whether I

김정민

마음에 뛰어오면 2시 38분쯤 집에 도착한다. 그래도 엄마는 내 뒤를 바짝 쫓아서, 내가 도착하고 나서 바로 몇 분 후면 집에 오곤 했다.

사실 나는 엄마가 집에 있는 걸 싫어했다. 나는 게임을 좋아하는 전형적인 십 대 소년이었기 때문이다. 당연히 엄마는 게임하는 걸 허락하지 않았고, 항상 내 아이패드를 '훔쳤다'. 아들이 게임에 빠지는 걸 막으려고 하는 전형적인 엄마였던 것이다. 이것은 엄마가 양면적인 삶을 살고 있으면서도 항상 나를 아끼고 사랑해 주었다는 뜻이기도 하다. 엄마의 삶은 낮과 밤이 달랐던 배트맨의 삶 같았다. 반은 엄마이자 반은 예술가인 이 양면적인 삶이 바로 내가 본 '아트맘'의 삶이다.

시간이 계속 흘러도, 내가 고마워해도, 아니어도,

appreciated it or not.

And, of course, as I grew older, my perspective on my mom's dual life began to "unveil." I started to realize her efforts outside of the realms of the house: the arts. The reason why she always came home when we came home was due to her artistic endeavors; her time in her studio, her artist talks, and her time in the galleries. But, what remained the same was that she was always at home when we were. And while she juggled these artistic endeavors and the responsibilities of motherhood, I began to see the sacrifices she made to ensure our well-being.

My mom is Sungim Choi, an artist, and a loving mom. I personally think she's

김정민

엄마는 변함없이 그 자리에 있다.

그리고 내가 조금 더 자라면서, 엄마의 양면적인 삶을 바라보아 온 내 시선도 '드러나기' 시작했다. 집 밖에서 노력하는 엄마의 모습을 깨닫기 시작한 것이다. 예술 말이다. 우리가 집에 돌아왔을 때마다 엄마가 집을 지키고 있었던 것은, 엄마가 예술적인 노력을 했기 때문이다. 엄마가 작업실에서 성실히 시간을 보내고, 아티스트 토크를 하고, 갤러리에서의 일정을 모두 해냈기 때문에 집에 올 수 있었다는 뜻이다. 물론 변하지 않는 건 우리가 집에 왔을 때 엄마도 집에 있었다는 사실이다. 엄마가 이렇게 예술가로서의 활동과 엄마로서의 책임 사이에서 균형을 맞추며 살아가는 동안, 나는 엄마가 우리의 행복을 위해서 해온 희생을 발견하기 시작했다.

successful in both lives, as an artist and as a mom.

Nowadays, to be honest, my mom looks tired. She'd always come home late from working on her latest projects. Then, she would stay up another 6 hours just to take care of me and my siblings. My older sister is preparing for college, and my mom has supported her all the way through.

When I grow up and when I reflect on my childhood, I hope to be grateful for the superhero who lived a double life — Sungim Choi, the artist, and the loving mom. In our lives, her love remains a vibrant thread, weaving together the memories of a teenager who once thought his mom was trying to ruin his fun but ultimately discovered she was

김정민

우리 엄마는 최성임, 예술가이자, 사랑이 넘치는 엄마이다. 나는 엄마가 예술가로서, 그리고 엄마로서 꾸려 온 두 가지 삶 모두에서 성공했다고 생각한다.

솔직히 요즘엔 엄마가 너무 피곤해 보인다. 엄마는 새 프로젝트 작업 때문에 계속 늦게 집에 들어왔다. 엄마는 그러고서도 여전히 쉬지 못하고 우리를 돌보기 위해 6시간쯤 더 일한다. 마침 누나가 대학 입시를 준비 중인데 엄마는 모든 과정을 함께하며 지원하고 있다.

내가 나중에 어른이 되어 어린 시절을 돌아본다면, 예술가 최성임과 사랑이 넘치는 엄마라는 이중생활을 한 나의 슈퍼 히어로에게 깊이 감사하게 될 것이다. 한때는 엄마가 내 즐거움을 모두 망치려 한다고 생각했던 십 대 소년은 이제 엄마가 의미

building the foundation for a meaningful and fulfilling life. What is a successful life, you may ask? Look at my "Artmom."

있고 충만한 삶의 토대를 마련해 주었다는 걸 알게 되었다. 이런 기억들이 엄마의 사랑이라는 빛나는 실타래와 엮여서 나의 삶이 되었다. 누군가 성공적인 삶이 무엇이냐고 묻는다면, 나의 '아트맘'을 보라고 말해주고 싶다.

Noisy, Glittery, Sticky

시끄럽고 반짝이고 끈적끈적한

Jiheon Kim

Sounds of My Mom

Every day, from the moment I rise out of bed to the second I drift into sleep, I am met with the sounds of an artist, more so my mom.

Thud, thump.
As I drifted off to sleep in my mom's car, I could unmistakably hear the sounds of her releasing two hefty bags filled with PE nets dropped in the middle of the stairs. Pushing herself back up again, she hoisted herself to pick up the PE nets and ascended the stairs.

김지현

엄마의 소리

매일 침대에서 일어나는 순간부터 잠이 드는 순간까지, 나는 예술가의 소리를 듣는다. 한편으로 무엇보다 우리 엄마다운 소리다.

쿵, 쿵.
엄마의 차 안에서 잠이 들었을 때, 계단 중간 즈음에 그물망으로 가득 찬 무거운 봉지 두 개를 내려놓는 엄마의 소리를 들었다. 다시 몸을 일으켜 세운 엄마는 그물망이 든 봉지를 재차 주워 들고 계단을

It was a typical weekend morning on the steps of our apartment building.

Ahhhh-hhaaaaaa, ahhhh!
I hear my mom yawning in front of the car and then a short, curt shout. I awoke from my sleep to turn my attention to the front seat of the car. Looking straight towards the front mirror, I tried to understand what had just happened. She was trying to keep herself awake from all the late-night work: the balance between the life of an artist and a mother at the same time.

Whoosh, whizz, whip.
I could hear my mom in the living room pushing plastic balls into the PE nets, wearing her white working gloves. She had been tirelessly working all day, anchored to the same spot on the brown wooden chair beside

올랐다. 우리 아파트 계단에서 벌어지는 전형적인 주말 아침 풍경이다.

아아아하아아아아암, 아앗!
앞좌석의 엄마가 크게 하품을 하더니 이내 짧고 거친 고함 소리를 낸다. 나는 자다 깨서 앞쪽을 바라본다. 백미러에 비친 모습을 보면서 방금 무슨 일이 일어났는지 이해하려고 해 보았다. 방금 그건, 예술가와 엄마라는 삶의 균형을 맞추기 위해서 늦은 밤까지 잠을 못 자는 우리 엄마가 졸음을 쫓으려고 애쓰는 소리였다.

휘이익, 위잉, 칭.
엄마가 하얀 작업용 장갑을 끼고 플라스틱 공을 양파 그물망에 밀어 넣는 소리가 거실에서 들렸다. 엄마는 부엌의 하얀 테이블 구석 자리, 그러니까 조명 옆의 갈색 의자에 앉아 하루 종일 쉬지 않고

the lamp in the corner of the dining room table. My sister and I would sit across from her, our heads engrossed in our laptops. At about 1 a.m. my sister and I, both exhausted, said good night to our mom and headed to our rooms. However, the living room light remained ablaze. Even without company, she would continue on with her plastic balls and nets, accompanied by a cup of tea, freshly brewed every few hours. The sounds of her working echoed through the walls of my room until the wee hours of the morning when my mom would finally take a rest on the sofa.

Grunt. Groan.
My mom isn't the type of person to openly show pain in front of us. However, at times, it was too evident to hide. Her hands, weathered, bore the marks of countless scars from her tassel with nets and wires. The

김지헌

작업했다. 언니와 나는 노트북에 머리를 박은 채 엄마의 맞은편에 앉아 있었다. 새벽 1시쯤, 언니와 나는 둘 다 피곤해져서 엄마에게 잘 자라는 인사를 하고 각자 방으로 향했다. 하지만 거실에는 여전히 불이 켜져 있었다. 테이블에 둘러앉은 동료가 없어도 엄마는 여전히 그 자리에서 플라스틱 공을 그물에 넣는 작업을 계속했다. 몇 시간마다 새로 우려낸 차를 마시면서 말이다. 마침내 이른 아침이 되어 엄마가 소파에서 쉬는 순간까지, 엄마가 일하는 소리는 내 방 벽을 통해 울려 퍼졌다.

으앗. 으윽.
엄마는 우리 앞에서 대놓고 고통을 드러내는 타입은 아니다. 하지만 때때로 엄마의 고통은 숨길 수 없을 만큼 분명하게 보인다. 엄마의 손에는 그물과 실, 철사 때문에 난 상처가 셀 수 없을 만큼 많다. 계속 앉아서 작업하느라 여러 번 허리가 아프기도 했다.

constant sitting had caused her back to ache numerous times. Persistent, her work would continue through the dead of winter, where her work outdoors would often result in bouts of cold.

Ah... Whew...
I heard my mom's sigh of relief. To my surprise, it wasn't a sigh of liberation from work but a sigh of accomplishment and anticipation for more. It dawned on me that the life of an artist operated on a different plane. They always had to look beyond the horizon, look past the obvious, and come up with their own interpretations of what was provided.

My mom lives two lives: her life as a mom of four children and her life as an artist.

게다가 엄마의 작업은 겨울에도 계속되고, 야외에서
전시할 작품을 설치하느라 종종 감기에 걸리기도
했다.

아... 휴우...
엄마가 내는 안도의 숨소리가 들린다. 그런데
놀랍게도 일을 끝내고 해방된 기분에서 내는
안도의 한숨이 아니었다. 그건 일에서 오는 성취와
더 많은 일에 대한 기대에서 오는 한숨이었다. 나는
그런 엄마를 보며 예술가의 삶은 다른 차원이라는
걸 깨달았다. 예술가들은 항상 지평선 너머를
바라보고, 진부한 것을 피하고, 주어진 것에 대해
자기만의 해석을 만들어낸다.

우리 엄마는 이렇게 예술가이자 네 아이의 엄마로서
두 가지 삶을 살아내고 있다.

Jihoo Kim

Red Cotton Candy

In my eyes, I see my mom's artwork as a fluffy ball of red fur because my mom's artwork contains red string tied together, so when I see it, it looks like little red fur balls. In this drawing, I have shown a few fur balls of different shades of red. I have used red since red is the main color of my mom's artwork.

김지후

빨간 솜사탕

엄마의 작품에는 보송보송한 빨간 줄이 묶여 있어서, 내 눈엔 작은 빨간 털 뭉치처럼 보인다. 나는 이 그림에서 다양한 채도의 빨간색 털 뭉치를 여러 개 보여주려고 했다. 엄마의 작품에서 주로 빨간색을 사용하기 때문에 나도 빨간색을 썼다.

그림 김지후 ⓒJihoo Kim

Sparkles

Red glittering sparkles spread everywhere from the desktop to the woodboard floor. The red glitters are seen everywhere because my mom's artwork requires a bright red glittering string that constantly sheds red glitter. Honestly, when I saw all the red dust and glitter on the dining room table, I thought it was dirty since it was everywhere and hard to clean up. But when I saw the final work of my mom's artwork, I thought all the hard work and effort my mom put in was worth it.

김지후

반짝이

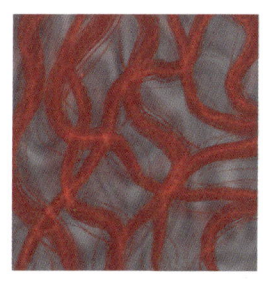

컴퓨터 위부터 마룻바닥까지 사방에 반짝이는 빨간 반짝이가 흩뿌려져 있다. 엄마의 작품에 쓰이는 빨간 반짝이 끈 때문이다. 솔직히 부엌의 하얀 테이블에 쌓인 빨사 먼지와 반짝이를 처음 보았을 때, 치우기도 어렵고 지저분하다고 생각했다. 하지만 마침내 엄마의 작품이 완성된 것을 보았을 때, 나는 엄마가 들인 노력과 힘든 작업이 그만한 가치가 있다는 생각이 들었다.   그림 김지후 ⓒJihoo Kim

Seoyoung Kim

Should Use a Machine

Umma, just use a machine
Why bother taking so long
You can save time between
By hand, time will prolong

Umma, just buy a machine
Why bother using your hands
You've hurt your hand I mean
By machine, you can command

김서영

그냥 기계를 써요

엄마, 그냥 기계를 써요
너무 오래 걸리잖아요
기계를 쓰면 시간이 덜 걸릴 텐데
손으로 하면 힘들 텐데

엄마, 그냥 기계를 사지 그래요
왜 굳이 손을 쓰는 거예요
글쎄 손 다치잖아요
기계한테 시키면 되잖아요

Seoyoung Kim

Umma, what about a machine
Why don't you invest
It'll be more routine
By machine, you won't be stressed

Umma, at least consider buying one
It'll be better for you
In an instance, you'll be done
Don't you think it's better for you too

Umma would reply
This is the way
With my hands, I apply
With my hands, I say
And that is why
This is my way

김서영

엄마, 기계는 어때요
투자라고 생각하면 될 텐데
금방 익숙해질 거예요
기계를 쓰면 스트레스도 안 받는다니까요

엄마, 적어도 한 대만 사는 걸 생각해 봐요
엄마한테 좋을 거예요
그러면 엄청 금방 끝날 걸요
엄마가 생각해도 그게 더 낫지 않아요?

하지만 엄마는 이렇게 말하겠죠
이건 하나의 방법이야
내 손으로 직접 붙이고
내 손으로 직접 말하는 것
다 이유가 있단다
이게 내 방식이야

Jihoo Kim

Threads of Elegance

The bright red color of the string and the rough thickness of the string my mom used for her artwork are depicted in this drawing. This artwork shows the rugged and coarse texture of the string, showing how hard it is to cut and shape, but it is still elegant, like my mom's art. The paint strokes used in this artwork show the roughness of the texture of the bundle of strings.

김지후

우아한 실

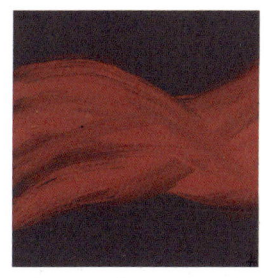

엄마가 작품에 썼던 실의 선명한 붉은색과 거친 부피감을 묘사한 그림이다. 실 다발은 거칠면서도 뽀송뽀송한 질감인데, 마치 우리 엄마의 작품처럼 우아하다. 이 그림에서 실의 거칠고 울퉁불퉁한 질감을 보여줌으로써 실을 자르고 모양을 만드는 일이 얼마나 어려운지 보여주려고 했다.

그림 김지후 ©Jihoo Kim

어떤 알리바이 *The Alibi*
2014

Jihoo Kim

Mom's Hand in Strings

This is an artwork that represents my mom's hard work in cutting the string pieces. It shows one of my mom's hands barely holding on to the scissors and tangled with long pieces of string. From the exhaustion of working late, the artwork shows an image of my mom drifting off to sleep while working. It shows the determination and hard work she has put into her work, leading to exhaustion. I have chosen to draw this scene since I have witnessed my mom tirelessly working until early in the morning.

김지후

끈에 엮인 엄마의 손

열심히 실을 자르는 작업을 하는 엄마의 모습을 그리고 싶었다. 그림 속에는 간신히 가위를 잡고 긴 실 조각들과 엉켜 있는 엄마의 손이 있다. 엄마가 작업에 투지와 노력을 쏟아부은 뒤 지쳐버린 모습이다. 너무 늦게까지 일해서 피곤한 엄마가 일하다 말고 잠에 빠져 버린 것이다. 나는 엄마가 이튼 아침까지 쉬지 않고 일하는 것을 보고는 이 장면을 그리기로 결심했다.

그림 김지후 ©Jihoo Kim

Jihoo Kim

Strands of Fate

In this artwork, I attempted to represent the thickness of the string by gluing it to the canvas, making it look realistic. The long string pieces represent the process by which my mom cut dozens of pieces of string to complete her artwork. While I was in the process of cutting a few string pieces for this artwork I realized that it wasn't an easy task and it has taken a lot of effort to complete cutting.

김지후

운명의 가닥들

캔버스에 직접 실을 붙여서 실의 두께를 사실적으로 표현하려고 했다. 긴 실 조각들은 엄마가 작품을 완성하기 위해서 수많은 실 조각들을 잘라내는 과정을 나타낸다. 나는 이 그림을 위해서 실을 자르면서, 이 작업이 쉬운 일이 아니며 많은 노력이 필요하다는 사실을 깨달았다.

그림 김지후 ©Jihoo Kim

Seoyoung Kim

Like Cockscomb Buds

Red strings intricately woven into the mesh onion bags look like flowers bursting open. With their buds fully engulfed in the mesh linings, the red strings distinctly separate each cluster apart from the other. Like cockscombs blooming to greet summer air around July, each red bud resembles the scarlet reds and fiery oranges of the sunlit flower. The brilliance of the LED highlights the flush of the buds as they illuminate themselves in the darkroom.

김서영

맨드라미 꽃처럼

양파 그물망에 촘촘히 엮인 붉은 끈은 마치
꽃봉오리가 터진 것처럼 보인다. 그물망 안쪽에
꽃봉오리를 가득 품은 채로, 붉은 끈이 각각의
꽃 송이를 촘촘하게 드러낸다. 7월의 여름 내음을
맞이하기 위해 피는 맨드라미처럼, 작품 속 붉은
꽃봉오리는 햇볕을 머금은 꽃의 진한 선홍색과
강렬한 주홍색을 닮았다. 어두운 공간에서
LED 조명을 켜면 작품에서 뿜어 나오는 광채가
꽃봉오리의 화사함을 더욱 돋보이게 한다.

At first glance, they look all the same, seemingly mechanically cut into the same lengths without a trace of handiwork. But once you take a look at each unique piece of string, they are all distinctly shaped, with every string ranging from 11 to 24 centimeters. With its trims and split ends forging the tiniest flares of their own, the uniqueness of each settles the overall mood of the flower bed.

In fact, the strings are cut out into smaller pieces by her. About a dozen pieces of string at a time are measured against a ruler until the margin, drawn with a black permanent marker. She replicates this process for hours, for weeks, and for months until she has hundreds of thousands of pieces of strings.

김서영

꽃송이 같은 붉은 실들은 언뜻 보면 모두 같은 길이로 보인다. 사람의 손이 아니라 마치 기계로 자른 것처럼 보인다. 그러나 자세히 들여다보면 11에서 24센티미터 사이의 서로 다른 길이와 모두 다른 모양을 가진 유일무이한 조각들이라는 걸 알 수 있다. 실이 잘린 단면이 갈라지면서 끝부분에 아주 작은 불꽃 모양이 만들어지는데, 서로 다른 모양의 불꽃이 가진 개성들이 모여서 이 맨드라미 꽃밭의 전체적인 분위기를 완성한다.

사실 이 실을 작디작은 조각으로 자르는 건 기계가 아니라 우리 엄마다. 자로 길이를 재고, 검은색 유성펜으로 표시한 다음에 한 번에 약 12개쯤 되는 실을 잘라낸다. 엄마는 수십만 개의 실 조각을 만들 때까지 몇 시간, 몇 주, 몇 달 동안 이런 과정을 반복한다.

At home, we watch our mother cut through dozens of strings. The first time we saw, I was first to question why — why she was cutting each string piece by piece, why she didn't entrust the work elsewhere, and why she continued with such a humdrum — since, quite literally, a mere few hours of machinery could complete the task.

"Well, trust the process," she replied. "You can never cut short by making an effort." Like flowers blossoming and trees growing, each bud and stem takes time; they cannot and will never bloom daily or monthly. All processes take time and effort to amass beauty.

Naturally, we easily dismiss and beeline our way out when it comes to completing tedious

집에 있을 때면 우리는 엄마가 실을 자르는 모습을 지켜보곤 한다. 처음에 나는 엄마가 왜 실을 하나하나 직접 자르는지, 왜 다른 사람에게 일을 맡기지 않는지, 기계로 작업하면 몇 시간 만에 끝낼 수 있는 일을 왜 그렇게 지루하게 계속하는지 이해할 수 없었다.

"글쎄, 나는 그 과정을 믿어", 엄마는 그렇게 대답했다. "노력엔 지름길이 없거든." 꽃이 피고 나무가 자라듯 꽃봉오리와 줄기 하나하나를 만드는 데에도 시간이 걸린다. 물론 작품 속 꽃과 줄기는 실제로 꽃을 피울 수는 없지만 말이다. 아름다움을 풍부하게 만들기 위한 모든 과정에는 시간과 노력이 든다.

보통 실을 자르는 것처럼 지루하고 귀찮은 일을 할

tasks that only seem bothersome to us, like cutting strings, for example. My mother cuts strings herself one by one, by herself, by persisting.

Once I stood in front of the masses of cockscombs, I understood what my mother was saying. I now know that is what constitutes my mother as a person and, more so, an artist. She is truly someone who embodies the values she holds to heart even when she does not need to. And I now know exactly how she managed to cut strings into blossoms and stems of trees.

그림 김지후 ©*Jihoo Kim*

때 우리는 금세 포기하거나 요행을 바란다. 그러나 우리 엄마는 하나하나 자기 손으로, 끈질기게 실을 자른다.

언젠가 수많은 맨드라미 앞에 섰을 때, 나는 엄마가 한 말을 비로소 이해하게 되었다. 끈기 있게 실을 자르는 것과 같은 행동들이 엄마를 한 사람으로서, 더 나아가 예술가로서 온전하게 만든다는 사실을. 그리고 우리 엄마는 굳이 그러지 않아도 될 때조차 진심을 다하는 사람이라는 것을. 그리고 나는 이제 전보다 더 또렷하게 알고 있다. 엄마가 어떻게 실을 잘라 나무의 줄기와 꽃송이를 만들었는지를.

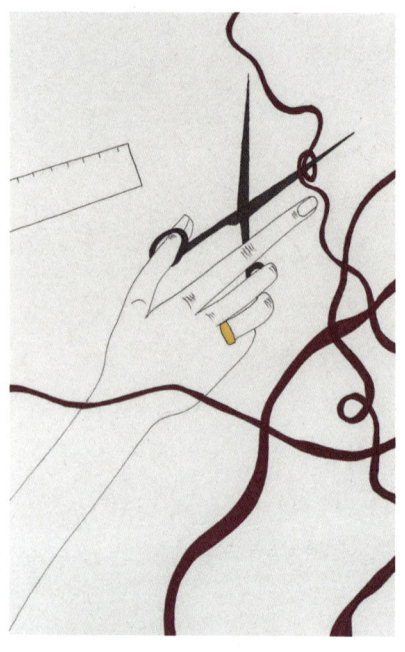

그림 김지후 ©Jihoo Kim

맨드라미 *Cockscomb*
2022

Jihoo Kim

A Sticky Window

1 2 3 4....

The number of sticky notes never seems to end. On the window, there are hundreds of hand-drawn half circles on dozens of sticky notes. When I saw my mom working on the notes one at a time, I thought it was useless and that it was just a piece of sticky note. When I first went to the art gallery, I didn't notice it at first, but when I came closer to the window, I realized it was all the sticky

김지후

끈적끈적한 창문

한 장, 두 장, 세 장, 네 장....
포스트잇의 수는 끝이 없어 보인다. 수백 장의 포스트잇이 창문에 붙어 있다. 그리고 거기에는 손으로 그린 반원이 수십 개씩 그려져 있다. 엄마가 포스트잇에 그림을 그리는 걸 보고,

그림 김지후 ©Jihoo Kim

Jihoo Kim

살갗 *Skin*
2023

notes my mom had been working on for the past few months. I was amazed that a few dozen pieces of sticky notes could become a work of art.

김지후

처음에 나는 쓸모없는 일이라는 생각이 들었다. 그래봐야 끈적끈적한 종이 쪼가리에 불과한데 말이다. 엄마의 전시장에서 처음 이 작품을 보았을 때, 나는 이게 무엇인지 눈치채지 못했다. 창문 가까이 다가갔을 때에야 이것이 엄마가 지난 몇 달 동안 작업한 포스트잇 조각들이라는 사실을 깨달았고, 그런 종이 쪼가리들이 이런 예술 작품이 될 수 있다는 사실에 놀랐다.

Seoyoung Kim

Don't Stomp Around

My mother makes a lot of noise in the process of her work. Ever since I was young, I grew with the sounds of my mom peeling sugar cubes, threading balls, cutting thread, drawing on paper with a pencil, and quietly talking to herself from morning till I go to sleep. When our mom was caught up with her work, we used to run around the house. I don't know if she heard the noise as nuisance, or if she got used to it by the time we grew older and became a background noise that she couldn't

김서영

쿵쿵대지 마

엄마가 작품을 만드는 중에는 여러 가지 소리가 난다. 나는 아주 어렸을 때부터 엄마가 각설탕 껍질 벗기는 소리, 공 끼우는 소리, 실 자르는 소리, 연필로 종이에 그림을 그리는 소리, 그리고 조용히 혼잣말을 하는 소리를 아침부터 잠이 들 때까지 들었다. 이렇게 엄마가 작업을 하는 동안 우리는 집에서 뛰어다니곤 했다. 우리의 소음이 엄마에게 방해가 되었을지 어느 순간 익숙해져서 없어선 안 될 배경음이 되어버렸는지는 모르겠지만, 우리가

work without. But all of this changed completely after we moved from living on the ground floor to the thirteenth floor.

"Don't stomp around" is a phrase the four of us heard most often when we were young. The fact that we were four children added to the sheer loudness we produced on a daily basis. With our ages spanning seven, six, five, and three, we didn't get what "stomping around" was.

Just like that, "Don't stomp around" became one of those phrases that we practically heard 100 times a day — both as a supposition and warning. That single phrase held the power to make all four of us tiptoe around the house and sit all four of us down at the white kitchen table. Of course, the constraint

김서영

아파트 1층에 살다가 13층으로 이사를 간 뒤 모든 상황은 바뀌어버렸다.

"얘들아, 쿵쿵대지 마." 우리 네 남매가 어린 시절 가장 많이 들은 말이다. 네 명의 아이들이 한 집에서 산다는 것은 네 명이라는 사실 자체로 벅찬 상황이다. 고작 일곱 살, 여섯 살, 다섯 살, 그리고 세 살이었던 우리는 쿵쿵댄다는 것이 무엇인지 제대로 몰랐다. 1층에 살 때는 마음껏 뛰어놀 수 있었지만 아래층 이웃이 생긴 뒤에는 정말 큰 변화가 생겼다.

엄마는 매일같이 "쿵쿵대지 마"라고 우리를 타일렀다. 단호한 그 말은 우리를 발끝으로 걷게 하고, 하나로 모아 하얀 테이블에 앉히는 힘이 있었다. 물론 마음대로 돌아다니지 못한다는 제한은 어린 우리를 화나게 했지만, 시간이 지나면서 우리는

angered us, but with time, we began to say the phrase ourselves.

At first, it was me. Then, it was my sister. It was a matter of time before we all came to tell ourselves, "Don't stomp around." My youngest sister once said to me, "Once you became more bossy, you nagged me and joined the screaming choir with our mom." And I know this was completely true. Every time my siblings stomped around, our mom and I would exclaim in unison, and, eventually, my siblings would quiet down.

Like my 9-year-old self who thought "Don't stomp around" was our family motto, the phrase holds a dear place in our hearts. Although we no longer hear the phrase today, we can confidently say our childhood began with those three words.

김서영

우리 스스로에게 쿵쿵대지 말라는 말을 하게 되었다.

"쿵쿵대지 마"는 처음에는 내 입에서, 그 다음으로 지현이의 입에서 나왔다. 우리가 되려 동생들에게 쿵쿵대지 말라는 말을 하게 되었다. 막내 동생이 그랬다. 언니가 어른스러워지자 곧 엄마와 합창단이 되어서 자기들에게 잔소리를 퍼부었다고 말이다. 맞는 말이다. 쿵쿵대지 않아야 한다는 걸 이해한 뒤로 동생들이 쿵쿵댈 때마다 내가 엄마를 대신해 동생들을 타이르기 시작했다. 그럴 때면 동생들은 내 잔소리에 져서 조용히 놀곤 했다.

아홉 살의 내가 "쿵쿵대지 마"가 우리 집 가훈이라고 믿었던 것처럼, 이제는 우리 넷이 하얀 테이블에 앉으면 그 말이 귓가에 들리는 것만 같다.

발끝으로 서기 *Standing on Tiptoes*
2020

김서영

우리는 이제 더 이상 그 말을 듣지 않지만, 우리의 어린 시절만큼은 그 두 개의 어절에서 시작되었다고 볼 수 있다.

We Have Grown Up Like Trees

우리는 나무처럼

Seoyoung Kim

Standing on Tiptoes

Tiptoes
to the tips of our toes

Still on tiptoes
to the tips of our heads

Do it again
My shoulders were bent
My head was down then
I didn't try to content

김서영

발끝으로 서기

발끝으로 서기
우리들의 발끝으로

여전히 발끝으로
우리들의 머리끝까지

다시 재봐
내 어깨가 구부정했어
그때 잠시 내 머리를 숙였거든
제대로 잰 게 아니야

Seoyoung Kim

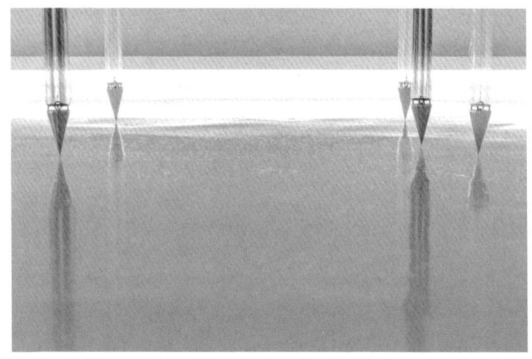

Well, there's a world of difference
Really, it's a bluff
But we know with confidence
one centimeter is enough

Standing on tiptoes
To claim "I'm taller than my sister"

김서영

글쎄, 그게 얼마나 큰 차이인데
사실 허세를 좀 부렸지만
그래도 자신 있게 말할 수 있어
딱 1센티미터면
충분한 걸

발끝으로 서서 선언하지
"내가 동생보다 더 커"

Jeongmin Kim

A Walk with Nature

During summer breaks and weekends, my mom would always take me on walks around the park. By referring to a "walk," it wasn't a short, few-minute walk but rather a 2-hour course. And, of course, I didn't have a choice.

It took two hours in total, not because it was a super long course. A normal human, if not, would easily finish the walk in about 50 minutes. But my mother wasn't an ordinary person; she was pretty slow. Actually, really

김정민

자연과 함께하는 산책

엄마는 주말이나 여름방학이면 늘 공원으로 산책을 가자며 나를 끌어냈다. '산책'이라곤 했지만 몇 분 정도 걷는 게 아니라 무려 2시간이나 걸리는 코스였다. 물론 나에게는 선택의 여지가 없었다.

사실 그건 2시간이나 걸릴 정도로 어마어마하게 긴 코스는 아니었다. 평범한 사람이라면 50분 정도 소요되는 쉬운 코스였다. 그러나 우리 엄마는 평범한 사람이 아니었다. 엄마는 꽤 느리게, 진짜로

really slow. She might seem to say that we went there for our health. Of course, it may have benefited our health a little bit, but a very tiny little bit because we were always riding scooters. It made it much more fun, to be honest. How the concept normally worked was that my siblings and I would go straight through about 400 meters more than my mother, then afterward come back to our mom, who would be going really, really slow.

My mom still refers to this as a healthy outdoor activity for all of us. But the truth is, I know that my mother didn't take us on these expeditions because she thought it would help benefit our health but rather because she loved being with nature. In a sense, she wanted to spread the love to us too. Perhaps that may be the reason why

김정민

엄청 느리게 걸었다. 아마 엄마는 우리 남매의 건강을 위해 산책을 간 거라고 할지도 모른다. 뭐, 조금은 건강에 도움이 되었을지도 모르지만, 우리는 늘 킥보드를 타고 있었기 때문에 그래봐야 아주아주 작은 도움이 되었을 거다. 사실 킥보드를 타야 산책을 더 재밌게 할 수 있었다. 그러니까 우리 네 남매는 엄마보다 한 400미터 정도 앞서 나갔다가, 아주 천천히 걸어오는 엄마에게 다시 돌아가는 식으로 산책을 하곤 했다.

엄마는 여전히 이 산책이 우리 모두를 위한 건강한 야외 활동이었다고 말한다. 하지만 나는 엄마가 진짜로 우리의 건강 때문에 산책을 데려간 거라고 생각하지 않는다. 엄마는 자연과 함께하는 시간을 사랑했고, 어떤 의미에서든 우리에게도 그런 사랑을 알려주고 싶었을 테다. 엄마의 작품 대부분이

most of her artworks are related to nature. Specifically, "Missing Home", "Cockscomb", and basically 90% of all of her pieces. From a bird's eye perspective, I would even refer to my mother's main motif as an artist as "nature."

The sound you hear above a mountain top.

The sunset you feel falling.

The presence of stars above your head.

The sound of nature.

That's what my mom wanted to show.

You don't see it. You feel it.

자연을 모티브로 한 것도 그런 이유일 것이다. <집이 있던 자리>와 <맨드라미>를 비롯해서 엄마의 작품 중 90퍼센트가 자연과 관련되어 있다. 전체적으로 볼 때, 나는 엄마의 예술적 주제가 '자연'이라고 말하고 싶다.

산 정상에서 들리는 소리.

저무는 석양.

머리 위 별들의 존재.

자연의 소리.

그게 엄마가 보여주고 싶었던 것들이다.

눈에 보이지는 않지만 느껴지는 것.

Jiheon Kim

My Second Place

The structure towering before me was two diagonal lines converging in the center of the room. There were two triangular prisms resting on its side, its surface adorned with blue and white plastic balls intricately entwined in fishnet. The entire structure was bordered with alternating blue and white accents, creating a serene atmosphere.

As I closed my eyes, I could picture the soft, brilliant hues. The tranquil ocean unfolded

김지헌

나의 두 번째 장소

내 앞에 우뚝 솟은 구조물은 두 개의 대각선이 방의 중앙으로 모이는 형태였다. 그 옆에는 두 개의 삼각 프리즘이 놓여 있었고, 그 표면은 파란색과 흰색 플라스틱 공이 그물망으로 복잡하게 얽혀 장식되어 있었다. 전체 구조물은 파란색과 흰색이 번갈아 가며 강조되어 고요한 분위기를 자아냈다.

눈을 감으면 부드럽고 찬란한 빛깔이 선명하게 그려진다. 파도가 부서지는 소리와 함께 고요한

along with the sounds of waves crashing onto the shore. I could hear the subtle rumbling of seashells rolling beneath the waves, rocks fighting against the strong currents.

I lie on the sandbed against the blue sky with a straw hat, just barely shielding my face from the sun. I bask in the warmth that surrounds me as the gentle ocean breeze carries the scent of salt water and tropical flowers. They overwhelm me with a familiar sensation, bringing me comfort. As I start to loosen my limbs, adjusting myself to the ever-soft sand, I can see shadows of palm trees dancing in the sunlight and seagulling soaring gracefully overhead. This moment, bathed in the hues of the Pacific sky, feels like a pause in time, an escape from reality.

김지헌

바다가 펼쳐지고, 파도 아래로 굴러가는 조개껍질,
강한 해류에 맞서 싸우는 바위의 미묘한 울림이
들린다.

그림 김지헌 ©Jiheon Kim

나는 지금 햇볕을 피하기 위해 밀짚모자로 얼굴을
덮은 채 푸른 하늘을 가리고 모래밭에 누워 있다.

The moment is interrupted by the tender whisper of my mom's voice in my ear, "I can lie here all day. Look, the sky is so beautiful!" As we lay side by side on the soft sand, the open sky becomes a canvas of our shared memories. The vastness above us seems to echo the countless family moments spent in this very place. All the memories locked in the beaches are a part of my second place where I can momentarily let go of all the worries that have consumed me.

My mom is the one who first introduced me to the beauty of nature, opening my eyes to my once "ordinary" surroundings. Living in a bustling city dominated by towering skyscrapers and a skyline tainted by air pollutants, it was hard for me to recognize

김지헌

부드러운 바닷바람이 실어 나른 짭조름한 바다향과 열대식물의 향기 속에서 내 몸을 감싸는 따스한 온기를 만끽한다. 나를 압도하는 익숙한 감각 속에서 못내 편안함을 느낀다. 팔다리의 긴장을 풀고 부드러운 모래에 몸을 맡기자, 비로소 햇살에 춤추며 머리 위로 솟구치는 야자수의 그림자가 보인다. 태평양 하늘의 색감을 만끽하는 이 순간은 마치 시간이 멈추고 현실에서 벗어난 것처럼 느껴진다.

"지헌아, 엄마는 여기 하루 종일 누워 있을 수 있어. 하늘 너무 이쁘지?" 내 귓가에 들려오는 엄마의 부드러운 속삭임이 그 순간을 깨운다. 부드러운 모래 위에 나란히 누우니 탁 트인 하늘이 우리 둘만의 추억이 담긴 캔버스가 된다. 우리 위에 펼쳐진

the true beauty of the natural world. Always surrounded by artificial or man-made recreations of beauty, none seemed to capture the essence of nature, stirring all senses of our body.

Everyone in our contemporary society appears to be caught in a relentless cycle of busyness. Despite the world becoming a more interwoven and connected place, people have become more distant. They are always immersed in tasks, whether it be their work or school, neglecting the precious time to spend with their families, for themselves, or just taking a break from all the stress and worry. In this fast-paced era, everyone needs their own second place to detach themselves from the demands of life.

김지헌

광활한 하늘 위에 이곳에서 보낸 우리 가족의 수많은 날들이 메아리치는 것만 같다. 해변에서 있었던 모든 추억은, 나를 사로잡았던 모든 걱정을 잠시 내려놓을 수 있는 나의 두 번째 장소이다.

엄마는 내가 '평범'해 보이는 주변 환경에서 눈을 돌려 자연의 아름다움을 볼 수 있도록 처음으로 가르쳐 준 사람이다. 우뚝 솟은 고층 빌딩과 한껏 오염된 공기로 가득 찬 스카이라인이 있는 대도시에 살아온 나는, 자연의 진정한 아름다움을 알기 어려웠다. 늘 인공적인 것들, 혹은 사람이 만들어낸 아름다움 속에 사는 동안에는 우리 몸의 모든 감각을 깨우치는 자연의 본질을 발견할 수 없었다.

현대 사회를 살아가는 많은 사람들은 끊임없는

For me, this piece reminds me of that second place, where I can feel the same solace that the beaches bring me.

김지헌

바쁨의 순환 속에 갇혀 있다. 세상은 점점 더 연결되어 가고 있지만, 반면 사람들은 점점 더 멀어지고 있다. 직장과 학교에서 늘 일에 몰두하느라 가족과 함께하는 소중한 시간, 자기 자신을 위한 시간, 그리고 스트레스에서 벗어나 휴식을 취하는 시간을 소홀하게 여긴다. 빠르게 변화하는 이 시대에는 누구나 이러한 요구로부터 벗어날 수 있어야 한다. 그러니까 삶에서부터 스스로를 떼어 놓을 수 있는 자기만의 두 번째 장소가 필요하다.

내게 있어 엄마의 이 작품은 우리가 함께 했던 해변이 준 것 같은 위안을 주며, 우리들에게 필요한 두 번째 장소를 떠올릴 수 있게 만든다.

두 번째 장소: 구조물 *The Second Place: Structure*
2015

Jeongmin Kim

Construction Work

My artist mom would never ask us for help. We did it for our own sake, out of boredom. One of my earliest memories of helping my mother was her 2015 creation, "Home," the sugar block houses in which I played a part.

At the time, our white dining table transformed into a construction site. Each of my siblings and I became construction workers, tied to this conveyor belt of roles. Not a complicated conveyor belt, but a simple

김정민

건설 작업

예술가인 엄마는 작품을 만드는데 결코 우리에게 도움을 요청하지 않으셨다. 사실, 우리는 그냥 심심하다는 우리들만의 이유로 엄마를 돕기 시작했다. 가장 오래된 기억 중 하나는 각설탕으로 만든 엄마의 2015년 작, <집>이었다. 나는 이 작업에 일조했다고도 볼 수 있다.

이 작품을 만드는 동안 우리 집 하얀 테이블은 공사 현장으로 변했다. 누나, 동생들과 나는 모두 건설

one. Our mother was in the far corner of
the table with her glue gun while we were
on the opposite side. We would unwrap the
sugar blocks, precisely four at a time, and
dump them onto large pieces of scratch paper
spread out on the table. These sugar blocks
would be passed along the conveyor belt to
our mother's hands. She would take them and
use them as building materials, creating little
houses from her imagination.

Even though we unwrapped the sugar blocks
super fast, our mother would be at a distance,
trying to piece them all together. On one
hand, she held a glue gun, and on the other,
she had multiple sugar blocks, stacking them
or placing them side by side and applying
glue. It even became a competition to see who
could unwrap the sugar blocks the fastest.

김정민

노동자가 되어 역할 분담이 이루어졌다. 컨베이어 벨트에서 이뤄지는 것처럼 간단한 작업이었다. 엄마는 테이블 구석에서 글루건을 들고 계셨고, 우리는 반대쪽에 앉아 있었다. 우리는 한 번에 네 개씩 각설탕 껍질을 벗겨 큰 종이 위에 놓았다. 각설탕들은 컨베이어 벨트처럼 엄마의 손으로 전달되었다. 엄마는 이를 건축 자재로 사용하여 상상 속의 작은 집들을 만드셨다.

우리가 각설탕 껍질을 빠르게 벗기면 엄마는 한쪽에서 그것들을 빨리 붙이기 위해 애쓰셨다. 한 손에는 글루건을 들고, 다른 손에는 여러 개의 각설탕을 쥐고 쌓거나 나란히 놓은 뒤 접착제를 발랐다. 우리는 때때로 누가 가장 빨리 각설탕 껍질을 벗길 수 있는지 경쟁하기도 했다.

But what always stood out to me was the glue gun. The glue gun was a mystery to my eyes. I was the biggest crybaby and coward in the whole world, scared of everything my parents told me about. My mother never allowed me to get close to the glue gun, saying that if I did, I'd get severely burnt. I would sometimes see my mom yelp whenever she accidentally got hot glue on her fingers. Because of this, I never tried to get close or even asked my parents if I could touch the glue gun. Once, I remember touching the glue gun's metal barrel and quickly pulling my hand away from the intense pain. This fear was reinforced by a severe burn I got at the age of three, serving as another reminder to stay away from glue guns.

The lesson I want to share is that while sugar

김정민

하지만 항상 내 눈에 들어온 것은 글루건이었다. 글루건은 내게 신비로운 존재였다. 나는 부모님이 이야기하는 모든 것에 겁을 먹는 세계 최고 울보이자 겁쟁이였다. 엄마는 내가 글루건에 가까이 가지 못하게 하셨고, 만약 가까이 가면 크게 데일 것이라고 하셨다. 가끔 엄마의 손에 실수로 뜨거운 글루가 묻어 엄마가 비명을 지르는 것을 보았다. 그래서 나는 글루건 가까이 가지도 않았고 만져 볼 수 있는지조차 묻지 않았다. 한 번은 글루건의 금속 배럴을 만졌다가 심한 통증을 느끼고 재빨리 손을 뗀 적이 있다. 이후 세 살 때 입은 심한 화상으로 두려움이 증폭되었고, 이는 내게 있어 글루건을 멀리하라는 또 다른 경고가 되었다.

내가 이 이야기를 통해 나누고 싶은 교훈은 각설탕이 매우 재미있고 창의적인 재료이기도

blocks were a fun and creative medium, the experience taught us much more. It showed us the importance of working together, the excitement of contributing to something bigger, and the caution needed around potentially dangerous tools. We learned that creativity often requires teamwork and careful handling of the tools at our disposal.

했지만, 이 경험을 통해 우리는 훨씬 더 많은 것을 배웠다는 사실이다. 함께 일하는 것의 중요성, 더 큰 무언가에 기여하는 것에 대한 희열, 그리고 잠재적으로 위험한 도구를 다룰 때 필요한 주의사항을 배웠다. 창의성은 종종 팀워크와 도구를 신중하게 다루는 태도를 필요로 한다는 것을 말이다.

Jiheon Kim

Like a Tree

Constructing a single building is the culmination of countless efforts from architects, designers, engineers, contractors, and laborers. It is never an act of a single individual but a collaboration of diverse talents and skills. On average, it takes a couple of months and, at times, even years to transform plans into a standing structure.

On the other hand, a tree emerges and stands on its own from the moment it comes into existence. It effortlessly adapts to its

김지헌

나무처럼

건물을 한 채 짓는 일은 건축가, 디자이너, 기술자, 시공업체, 노동자 등 수많은 사람이 노력한 결실이다. 결코 한 사람이 할 수 있는 일이 아니라 다양한 재능과 기술이 함께 어우러져 만들어지는 것이다. 설계도가 실제 건축물로 완성되기까지는 평균적으로 몇 개월, 때로는 몇 년이 소요되기도 한다.

반면 나무는 태어나는 순간부터 스스로 싹을 틔우고 바로 선다. 인공적인 지지대를 세우거나

surroundings without the need for artificial support beams or changing the environment. By spreading its roots and understanding its environment, a tree develops its own strength to stand tall.

Reflecting on this art piece, I am drawn to the simplicity of the same phenomenon—a tree standing independently. This piece, layered with glass plates meticulously arranged, is 380 centimeters tall. As I look up at the towering structure, I reflect on my own journey to becoming who I am today. It is a mirror of my struggles and resilience. Just like a tree, I stand tall on my own behalf, not having to depend on any structured construction, and for that, I thank my parents.

김지헌

환경을 바꿔주지 않아도 제가 알아서 주변 환경에 적응한다. 나무는 뿌리를 내리는 동안 주변 환경을 이해하면서 스스로 우뚝 설 수 있는 힘을 기른다.

이 작품을 보고 있으면 나는, 나무가 스스로 우뚝 서는 이 단순한 현상에 주목하게 된다. 유리판을 촘촘하게 배열한 이 작품의 높이는 무려 380센티미터에 달한다. 우뚝 솟은 작품을 올려다보며, 지금의 내가 있기까지의 여정을 더듬어본다. 그건 내가 고군분투하고 다시 회복하는 과정을 보여주는 거울이다. 내가 마치 나무처럼 어떤 구조에 의존하지 않고 스스로 우뚝 서게 된 것은 모두 부모님 덕분이다.

우리 부모님은 자유로운 태도로 삶을 탐구하도록 용기를 북돋워 주셨다. 스스로 길을 선택할 수 있는

My parents encouraged a free-spirited exploration of life. They allowed us to wander around life with the freedom to choose our own path, fostering an environment where challenges became opportunities for learning. With the absence of pressure from external sources, I was able to rely on my own strength to move through obstacles. While there was always a fan of cheerleaders supporting my journey, I have never felt the need to rely on and depend on something, let alone someone.

This art piece serves as a reminder of the person who enabled me to stand tall on my own, the person who was always there by my side even through my lowest times: my mom.

The tree, standing tall without artificial support, becomes a metaphor for the strength

김지헌

자유를 주셨고, 도전해서 배울 수 있는 환경을 마련해주셨다. 덕분에 나는 다른 외부의 방해 없이, 스스로의 힘으로 장애물을 헤쳐 나갈 수 있었다. 가족은 나의 여정을 응원해 주는 팬과도 같았다. 그래서 나는 다른 곳에 의지할 필요를 느껴본 적이 없었다.

이 작품은 내가 스스로 우뚝 설 수 있게 해준 사람, 내가 가장 힘들 때도 항상 내 곁을 지켜준 사람, 바로 우리 엄마를 떠올리게 한다.

인위적인 지지대 없이 우뚝 서 있는 나무는 내면에서 우러나오는 힘에 대한 은유다. 이것을 보면 우리가 선택한 자기만의 길이 우리 자신을 만든다는 생각이 든다. 그러니까 모든 인간은 자기 삶의 무게를 짊어지고 스스로 일어설 수 있는 힘을 가지고 있다. 그게 진정한 힘이다.

Jiheon Kim

derived from within, reinforcing the idea that our unique paths define us. Literally and figuratively, every human being has the power to stand on their own, carrying their own weight throughout life. This, in itself, represents true power.

나무 *Tree*
2018

Seoyoung Kim

My Mom Isn't Techsavvy

My mom isn't techsavvy.
I help her out most of the time.

She always asks me to
help translate, send emails,
and organize her drive.

I translate English for her;
I send emails for her;
I organize Chrome for her.

김서영

우리 엄마는 기계치예요

우리 엄마는 기계치예요.
항상 엄마를 도와줘야 하죠.

엄마는 매번 저에게 도와달라 하죠.
영어를 해석해달라, 이메일을 보내달라,
컴퓨터 드라이브를 정리해달라고요.

엄마를 위해 영어를 번역하고
엄마를 위해 이메일을 보내고
엄마를 위해 웹브라우저를 정리하죠.

김서영

엄마는 제출할 것도 많아요.
공모, 전시회는 물론이고,
보조금도 신청해야 하죠.

난 인생치예요.
대부분 엄마가 도와줘야 하니까요.

저는 항상 엄마에게 도와달라고 하죠.
어려운 단어를 알려달라, 문제를 해결해달라,
일정을 조율해달라고요.

엄마는 절 위해 어려운 말들을 알려주고
내 곁을 지켜 주고
내 삶을 지지해 주죠.

두 줄기 *Two Stems*
2020

Seoyoung Kim

She needs to submit
competitions, exhibitions,
and grants.

I'm not lifesavvy.
My mom helps me out most of the time.

I always ask to
help translate, solve problems,
and organize my time.

She translates Korean for me;
She stands by my side;
She supports my life.

My mom isn't techsavvy.
I'm not lifesavvy.
We both help each other
and we learn from each other.

김서영

엄마는 기계치예요.
나는 인생치죠.
우리는 서로를 도와요.
그러면서 서로 배우는 거죠.

My Mother's Forest

엄마의 숲

Jeongmin Kim

Golden Veil

My mom has a "studio." My youngest memories consisted of her telling me never to tell anyone about this studio.

This studio was my mom's studio. To be honest, it would've been better to call it her storage. It was right near our house but in the same building as a Korean barbeque shop; it smelled and was small. I loathed going to my mom's studio. If my mom's studio was like those old souvenir snow globes, ninety

김정민

황금빛 베일

엄마에겐 '스튜디오'가 있다. 내가 어렸을 때 엄마는 이 스튜디오라는 곳에 대해 아무에게도 말하지 말라고 했다.

이곳은 엄마의 작업실이었는데, 솔직히 창고라고 부르는 게 더 어울렸다. 우리 집 바로 근처에 있었는데, 상당히 좁았고, 고깃집과 같은 건물에 있다 보니 냄새도 났다. 나는 엄마의 작업실에 가는 게 싫었다. 다양한 물건으로 가득 찬 엄마의

percent of the whole entire globe would be a mess—stored with her art stuff with only a glimpse of the beautiful sky.

Hence, as a child, I had not been there a lot. To be clear, not more than ten times my whole life. But when I did go there, I would always see this mysterious golden blanket on this little tiny sofa for as long as I can remember. And I'm pretty sure it's still there, even after these years—after I last stepped foot in there.

All my memories of my mother's occupation as an artist revolved around this blanket. It first started when I went to my mom's studio for an online class at the start of the pandemic. And the moment I entered the studio, I saw it. The golden blanket. In this

김정민

작업실은 마치 오래된 스노우볼 기념품처럼 보였다. 물론 거긴 90퍼센트 정도가 엄마의 작품으로 가득 차서 엉망이고, 아름다운 하늘은 아주 살짝만 보인다.

그래서 어릴 때에는 거기 자주 가지 않았다. 정확히 말하자면 내 인생을 통틀어 열 번도 안 갔을 텐데, 거기 갈 때마다 작디작은 소파 위에 신비로운 황금색 이불이 있었다는 건 기억한다. 내가 엄마의 작업실에 마지막으로 발을 들인 후로 시간이 한참 흘렀지만, 그 이불은 여전히 그 자리에 있을 것이다.

내가 예술가로서의 우리 엄마에 대해 기억하는 모든 것은 이 '황금 이불'에서부터 시작한다. 팬데믹이 시작되고 온라인 수업을 듣기 위해 엄마의 작업실에 갔던 것이 처음이다. 그리고 거기 들어선 순간 나는

little, tiny sofa. My mom was working on it, slowly but surely knitting each string to the blanket, one by one. As I was working my way towards finishing the class, my curiosity tingled, encouraging me to try and touch the golden blanket. That's when my mom shouted at me to stop. She told me not to touch this golden blanket. Of course, I listened.

It was one of those adult things, I thought. Thinking back, I wonder if she'd allow me to touch it if I asked her right now. I don't know. I guess I'll never know. But I do know one thing—the golden blanket wasn't just an object, an artwork of my mother's— it was a symbol, a bridge between myself and adulthood. It was my mother's veil of secrecy, my view of her as an artist, and my childhood.

김정민

작은 소파 위에 놓인 황금 이불을 보았다. 엄마는 그 이불을 천천히, 한 땀 한 땀 짜고 있었다. 나는 수업을 듣는 동안 호기심이 발동해 황금 이불을 만져보려고 했다. 그때 엄마는 갑자기 소리치며 멈추라고, 황금 이불을 만지지 말라고 하셨다. 물론 나는 엄마의 말을 듣고 이불을 만지지 않았다.

그것은 내가 잘 알 수 없는 어른들의 일 중 하나라고 생각했다. 혹시 내가 좀 더 자란 지금이라면, 만져도 되냐고 물어보면 허락해 주실지도 모르겠다. 아마 영원히 알 수 없을 것이다. 하지만 한 가지는 알고 있다. 황금 이불은 단순한 물건이 아니라 엄마의 작품이었고, 내 어린 시절과 지금을 잇는 하나의 상징이었다. 엄마의 비밀스러운 베일, 예술가로서의 엄마를 바라보는 내 시선, 그리고 내 어린 시절.

Years later, the blanket remains untouched but not unseen. The golden blanket has become the overarching theme of her latest exhibition. It hangs there; even to this day, in the gallery, no longer confined to my mom's small studio storage room.

People come and go, speculating about its origins, its meaning, its purpose. But I know its truth. It is more than art; it is a woman's lifelong dedication to her work, a mother's secret kept from the world, and a child's memory, forever golden, forever untold.

김정민

몇 년이 지난 지금도 황금 이불은 내 손에 닿지 않은 채 시선 끝에만 남아 있다. 이 황금 이불은 엄마의 전시에서 주요 작품이 되었고, 지금도 갤러리에서 전시되고 있다. 이불이 있는 자리는 이제 더 이상 엄마의 작고 창고 같은 작업실이 아니다.

전시를 보러 오가는 사람들은 이 작품의 기원, 의미, 목적에 관해 추측한다. 그러나 나는 진실을 알고 있다. 그것은 예술 이상의 무언가다. 자기 일에 대한 한 여성의 평생에 걸친 헌신이자, 세상으로부터 몰래 간직한 어머니의 비밀, 한 아이의 기억, 영원한 황금빛, 그리고 영원히 말할 수 없는 것이다.

황금 이불 *The Golden Blanket*
2020

Jiheon Kim

The Things We Took for Granted

When I was young, I had a pink blanket that helped me through the night. I have had nightmares as a kid where I would dream about a horrifying monster with razor-sharp claws for hands and a serpent-like, scaly tail. I would awake in the dead of night, searching for my mom, hoping to find solace in her embrace. However, nothing helped me until, one day, my mom brought home a blanket. Looking back, I am thankful for a piece of fabric that helped me on restless

김지헌

우리가 당연하게 여겼던 것들

단순한 천 조각 그 이상이었던 내 이불에 관해
이야기하고 싶다. 어린 시절 나의 밤을 지켜주던
분홍색 이불이 있다. 종종 날카로운 손톱과 뱀
비늘의 꼬리를 가진 끔찍한 괴물이 나오는 악몽을
꾸고는 했는데, 한밤중에 깨어나게 될 때면 늘
엄마 품속에서 안정을 찾으려 했다. 그러나
엄마가 내 이불을 가져다주기 전까지는 어떤 것도
도움이 되지 않았다. 돌이켜보면 불안한 밤에서
나를 도와준 이 천 조각에 고마움을 느낀다.

nights. I am thankful for my furry friend, who became a reliable companion in the quiet hours when the world seemed so vast and mysterious.

It's a universal truth, though perhaps hard to admit, that every person has had a comfort object — a cherished possession, whether that be a stuffed animal or a simple blanket. Looking back, these seemingly ordinary items retain their value, not because of any monetary nor potential utility, but rather for the memories they hold of our youth. They become a possession of great value through deep personal connections and nostalgia.

In the same sense, the "Golden Blanket" is a fun art piece full of incongruities. It acts as both a familiar everyday object and

세상이 너무 넓고 크게만 느껴졌던 그 고요한 시간에 나의 든든한 동반자가 되어준 부들부들한 그 친구에게 고마울 따름이다.

누군가는 인정하고 싶지 않겠지만, 모든 사람에겐 인형이든 이불이든 소중한 물건이 있다. 평범해 보이는 이 물건들은 금전적인 가치가 있거나, 대단한 쓸모가 있어서가 아니라 어린 시절 추억이 담겨 있다는 사실 자체로 가치가 생긴다. 개인적인 유대감이나 과거에 대한 그리움이 큰 가치가 되는 것이다.

그런 의미에서 엄마의 작품 '황금 이불'은 모순되는 지짐이 많아 재미있는 작품이다. 친근하게 덮는 일상적 물건인 이불인데, 주인공이 되어 황금색으로 빛나는 작품으로 전시장에 걸려 있다.

an artwork hung in the exhibition as the centerpiece with its bright golden hue.

For centuries, spanning throughout history, the term "gold" has consciously been linked to notions of wealth and power, often tied to the realms of aristocracy and bourgeoisie. It is set apart from commonplace or mundane items, usually reminiscent of luxury, success, achievement, triumph, royalty, and

김지현

역사를 통틀어 수 세기 동안 '금'은 확실하게 부와 권력을 상징해 왔으며, 종종 귀족이나 부르주아의 영역에 속했다. 금은 일반적으로 사치, 성공, 성취, 승리, 왕족, 재산을 연상시키지, 평범하고 일상적으로 여겨지진 않는다. 그래서 때로는 아주 먼 수수께끼처럼 보이는 신비로운 매력을 지닌다.

'이불'과 '금'이라는 단어 사이의 괴리가 이 작품을 익숙하고 평범하면서도 매우 독특하게 만든다. 멀리서 보면 이 작품은 비교할 수 없을 만큼 밝게 빛나며, 위에서 떨어지는 밝은 LED 조명 아래에서는 반짝이는 금색 소재로 빛을 발산한다. 하지만 자세히 살펴보면 이 이불이 선물이나 포장을 감쌀 때 흔히 쓰는 금속 트위스트 타이로 정교하게 짜여 있다는 것을 알 수 있다. 이 작품은 말 그대로 우리가 평소 당연하게 여기는 평범한

fortune. It possesses an almost mystical allure, at times seeming distant and enigmatic.

The oxymoron between the words "blanket" and "gold" made the piece so plain and commonplace, very unique. From afar, the work emanates a striking glow, its golden surface shining beneath the bright LED light. Yet, upon closer examination, one would recognize that the blanket is intricately woven with metallic twist ties, an object we typically see wrapped around gifts or packages. Literally and figuratively, the piece sheds light on the importance of seemingly ordinary objects that we often take for granted.

My mom helped me open my eyes to all

김지헌

물건의 중요성을 비유적으로 조명하는 것이다.

엄마는 내가 자라면서 누릴 수 있었던 모든 특권, 그러니까 언제든 돌아갈 수 있는 안전한 집, 배움의 기회, 사랑하는 가족의 응원은 물론이고 심지어 음식이나 물처럼 삶에 기본적인 것들을 누릴 수 있게 해 주었다. 평범해 보이는 일상의 순간에도 감사하는 방법을 배우게 되었다. 엄마의 이 작품은 우리가 당연하게 지나치는 흔한 것들조차 소중히 간직해야 한다는 사실을 일깨워준다.

평범한 일상에서 특별함을 발견하고, 익숙한 것에서도 대단함을 찾을 수 있다는 사실. 황금 이불을 통해서 이런 소중한 교훈을 전해주신 엄마에게 감사하다.

the privileges that I enjoyed while growing up — a secure home to return to, access to education, the support of a loving family, and even the basic necessities of food and water. I learned to appreciate every aspect of my life, even during moments when what I had seemed ordinary. This piece is a reminder to hold tightly onto the things that we often mistake as obvious.

I thank my mom for imparting a valuable lesson that everything is a golden blanket: from the ordinary, we find the extraordinary; in the mundane, we uncover the profound.

그림 김지헌 ©Jiheon Kim

Jeongmin Kim

Red Dirty Balls

Red and dirty balls reminded me of a deflated ball. They looked cool and felt good but the truth was, they did not bounce. They were red, light red, and they were round shaped: like a basketball, though if I threw them hard or sat on them, they became red dirty pancakes—not red, tangy basketballs. They were simply unplayable.

As a child, my mom would bring hundreds, I mean thousands of them to our house,

김정민

빨갛고 더러운 공들

빨갛고 더러운 공들은 나에게 바람 빠진 공을
떠올리게 했다. 보기에는 멋지고 만졌을 때 느낌도
좋았지만, 실제로는 튕겨지지 않았다. 그 공들은
빨간색, 혹은 연한 빨간색에 둥근 모양이었다.
마치 농구공 같은 모양이었지만 세게 던지거나 그
위에 앉으면 빨갛고 더러운 팬케이크처럼 납작해질
뿐이었다. 그건 놀기에 좋은 공은 아니었다.

내가 어렸을 때, 엄마는 그런 공을 수백, 아니

just to stack them all together into these tunnel-like onion nets. While doing this, she would always wear these gloves, those cheap, tawdry, white gloves that are sold in convenience stores, murmuring that it was for her safety — that her hands would scar. As a child, of course, I always wanted to touch those balls regardless of what my mom said, wanting to wrap the thousands of red balls around my whole entire naked body, simulating those carnival balloon mansions I dreamt of going to. But, at first, she would never, I mean, never let me touch those red balls.

Eventually, I recall my first encounter with those circular beings, as one day, before she started her meticulous operation, she gave me several of those red dirty balls for me to

김정민

수천 개씩 집에 가져오셨다. 그걸 터널 같은 양파망에 끼워 넣기 위해서였다. 엄마는 작업할 때면 항상 편의점에 파는 싸구려 흰 장갑을 끼고 계셨는데, 맨손으로 작업하다 상처가 나는 걸 막기 위해서라고 했다. 물론 나는 어린 아이였기 때문에 엄마가 뭐라고 하든 상관 없이 늘 공을 만져보고 싶었다. 가보고 싶던 카니발 축제에 등장하는 풍선집을 흉내 내면서 수천 개의 빨간 공을 맨몸에 휘감고 싶었다. 하지만 엄마는 처음에는 절대로, 정말 절대로 공을 만지지 못하게 하셨다.

마침내 처음으로 공을 만져본 날을 기억한다. 어느 날 작업을 시작하려던 엄마는, 또다시 조르는 내가 안쓰러웠는지 몇 개의 빨갛고 더러운 공을 주셨다. 공을 가지고 놀아보려고 했는데, 그건 그냥 빨갛고 더러운 공이었다. 앞서 얘기한

play with out of pity, which I did try to to play with, but they were just red and dirty balls—nothing else. After my failure to play with these red dirty balls, I would keep them as souvenirs and toys, often including them in my Lego collections. Then, it was packed neatly into my closet. Then, into somewhere I did not know where. Now, I don't even know where they are.

In fact, the red dirty balls were formed to make an art piece named "Endless Tree" —of course, to be honest, it looked more like a "red jellyfish." They were deep, earthy red, and strung together in an unusual pattern, like an alien jellyfish. They were simply creatures from another world.

Several years ago, our family moved houses.

것처럼 나는 공을 가지고 노는 데에 실패했다. 나는 그걸 기념품처럼 간직했고, 종종 내 레고 컬렉션과 함께 놓기도 했다. 그러다가 내 옷장 속에 정리해서 넣었고, 이후에는 나도 잘 모르는 곳으로 옮겨졌다. 사실 지금은 그 공들이 어디 있는지조차 모른다.

사실 이 빨갛고 더러운 공들은 <끝없는 나무>라는 엄마의 작품을 위한 재료였다. 하지만 이 작품은 솔직히 말하자면 '붉은 해파리'에 더 가까워 보였다. 공들은 흙빛이 도는 깊은 빨간색이었고, 외계 해파리를 연상시키는 특이한 패턴으로 연결되어 있었다. 마치 다른 세계에서 온 생물체처럼 보였다.

몇 년 전, 우리 가족은 이사를 했다. 이삿짐을

Jeongmin Kim

On the day of departure, after all the furniture and materials were packed away for the move, I saw those balls again right below the shelves that were dismantled and cleaned. All squished and scrambled up; there they were — my red dirty balls. Most of them were all gone now, locked away in the artwork mansions displayed by my mother but these red dirty balls were still there, sitting on the ground, all abandoned.

As I grew older, I experienced numerous artworks of my mother using these red dirty balls as her main artistic theme. Some of them changed colors, and some of them changed shapes, textures, and density. But what remained the same was that they were all still red dirty balls to me.

김정민

다 싼 후에 나는 해체된 선반 아래에서 다시 그 공들을 발견했다. 내 빨갛고 더러운 공들은 모두 찌그러지고 뒤엉킨 채로 거기 있었다. 공들은 대부분 엄마의 예술 작품으로 변해서 전시장에 갇혀 있었지만, 이 빨갛고 더러운 공들은 여전히 거기에 있었다. 바닥에 버려진 채로.

나는 자라면서, 이 빨갛고 더러운 공들을 주요 소재로 사용한 엄마의 많은 작품들을 보았다. 일부는 색이 변했고, 일부는 형태, 질감, 밀도가 변했다. 하지만 변하지 않은 것은 그 공들이 여전히 나에게는 빨갛고 더러운 공들이라는 사실이다.

끝없는 나무 *Endless Tree*
2018

Jihoo Kim

Passion in Red

The piece represents the main color of my mom's artwork, red. Red is a color that symbolizes courage and sacrifice. I believe red perfectly defines my mom since my mom courageously and bravely showed her artwork to the world. Additionally, my mom spent the past years of her life raising my siblings and me and providing us with a home to live in and food for us to eat.

김지후

붉은 열정

이 작품은 엄마의 작품에 주로 쓰이는 빨간색을 표현했다. 빨간색은 용기와 희생을 상징한다. 우리 엄마는 용감하게 자기 작품을 세상에 보여준다. 그리고 엄마는 우리 넷을 기르기 위해 지난 삶의 시간을 보내왔고, 매일 같이 우리를 돌보며 함께 살아간다. 그래서 나는 이 빨간색이 우리 엄마를 완벽하게 정의한다고 생각한다.

그림 김지후 ©*Jihoo Kim*

아주 오래된 나무 *The Old-Growth Tree*
2023

Jihoo Kim

Endless Grove

Endless tree vines are growing wildly and freely like my mom's theme, the endless tree. I have painted this artwork to represent my mom's gallery theme, "Endless Tree." The painting shows tree vines growing freely and openly to show the endless tree. I believe this theme shows her endless determination to grow and develop as an individual and as an artist.

김지후

끝없는 숲

끝없는 나무 덩굴이 거칠고 자유롭게 자라고 있다. 엄마의 전시 주제인 <끝없는 나무>를 이 그림으로 표현한 것이다. 그림에는 끝없는 나무를 보여주기 위해 나무 덩굴이 자연스럽게 가닥가닥 자라는 모습을 그렸다. 이 주제는 개인으로서 그리고 예술가로서 성장하고 발전하려는 엄마의 끝없는 의지를 보여주는 것이라 믿는다.

그림 김지후 ©*Jihoo Kim*

그림 김지후 ©*Jihoo Kim*

끝없는 나무 *Endless Tree*
2021

Seoyoung Kim

Ten Years of Seeing

2013 is ten years ago.

Our dining table awkwardly seated in our living room piled up with sugar cubes shaped in little individual polygons. Every day after school, I would come home to peeling crisp, thin wrappers from coupled sugar cubes,

김서영

내게 보이는 10년

2013년은 10년 전이다.

당시 우리의 하얀 테이블은 거실에 어색하게
자리 잡고 있었다. 그 위에는 작은 큐브 모양의
각설탕들이 쌓여 있었다. 매일 학교를 마치고 집에
돌아오면, 각설탕 껍질을 벗기고는 했다. 주름으로
접힌 가장자리를 펼치고 바스락거리는 얇은
포장지를 벗겨서 한 쌍의 각설탕 큐브를 꺼내는
것이다. 일직선으로 접혀 있는 각설탕의 종이 껍질을

the even edges folded up in straight-lined creases. The frank lines indulged me with the pleasure of opening the little packets one by one like peeling off the skin of tangerine, plucking the seeds of pomegranate from its crimson membrane. Quickly, it became a race to determine who could peel off the cubes more; all four of us would climb on top of our chairs to lean over the fringes of the dining table to try and peel the cubes with our small hands.

After our job was done, our mom was the one who took out the glue gun and plugged it into the outlet. Each tetromino block was gently pressed down at the right angles on the right surface with steaming glue — calloused my mom's hand with burn scars — formed small houses that illuminated white with crystals.

벗기는 일은 마치 굴껍질을 까는 것 같기도 했고,
석류의 진홍빛 품 속에서 석류알을 하나하나 꺼내는
것처럼 느껴지기도 했다. 각설탕 포장지 벗기기는
이내 우리 사이의 경쟁이 되었다. 네 남매 모두 의자
위로 올라가 테이블 가장자리에 몸을 기대고는 작은
손으로 각설탕을 꺼내는 것에 온 정신을 쏟고는
했다.

우리들의 작업이 끝나면, 글루건을 콘센트에 꽂고
다음 작업을 시작하는 건 바로 엄마였다. 엄마는
그 테트리스 블록 같은 각설탕 큐브에 열기가 나는
접착제를 바른 뒤 원하는 위치에 맞춘 뒤 부드럽게
눌러 붙였다. 굳은살이 박인 엄마의 손에 화상
자국까지 생기는 사이에, 수정처럼 새하얀 빛을
내는 작은 집들이 지어졌다. 작은 창문과 단단한 벽,
콘크리트 지붕이 각설탕으로 만들어졌다.

The assembling of the small cubes molded into tiny windows, firm walls, and concrete roofs.

When I close my eyes now, I can sense the world around me slowly fading away into glimpses of shimmer glinting past the curtain of my lashes. I close my eyes now, and I can feel my eyelid firmly pull the covers of my eyes to see the unseen world. I close my eyes now, and I can see my seven-year-old self eager to build the houses myself, as my mom said when I was old enough to handle the heat of the glue gun: to see, I must unsee.

My mom told me much about what we unsee to see. She would tell us to make three deepest wishes to the setting sun that shone

김서영

이제 눈을 감으면, 내 주변의 세상이 속눈썹 장막 너머로 서서히 사라지고 희미하게 반짝이는 듯하다. 나는 이제 눈을 감으면 보이지 않는 세계를 보기 위해 내 눈꺼풀이 단단하게 당겨지는 것을 느낄 수 있다. 또한, 엄마가 말씀하셨던 것처럼 내가 글루건의 열기를 감당할 수 있을 만큼의 나이가 된 지금, 나는 눈을 감으면 집을 짓고 싶어 하는 일곱 살의 나를 떠올릴 수 있다. 이런 것들을 보기 위해서, 나는 보지 않아야 한다.

엄마는 우리가 볼 수 없는 많은 것들에 대해서 이야기 해주셨다. 바다 끝에서 황금빛 붉은 색으로 빛나는 노을과, 고요한 밤하늘을 가로질러 폭포처럼 쏟아지는 빛나는 별들, 그리고 무엇보다 한강 위를 돌진하며 건너는 지하철을 보면서 마음속 깊이 간직한 세 가지 소원을 빌어 보라고 하셨다. 나는

with a golden-red hue on the edge of the sea, to the shining star that cascaded across the serene night sky, and most of all, to the hurtling subway that glided across the Han River. I would hold my two hands together, hoping the tight grip of my hands would evoke a stronger sense of power through the veins of my body.

We all have facets of our lives that we want to see, and conversely, there are facets of our lives that we want to unsee. Despite the bitterness of the memories we endeavor to elude from, my mom taught me to face the world with both my eyes open to see.

My mom tells me living to see the unseen is to, quite literally, face the world for what it gives.

김서영

내 두 손을 맞잡았다. 손을 꼭 쥐면 내 몸을 흐르는 핏줄을 통해 더 강한 힘이 느껴지기를 바라면서.

모든 삶에는 보고 싶은 면과 함께 보고 싶지 않은 면이 있다. 우리가 피하려고 애쓰는 기억들은 대체로 쓰라리다. 하지만 그럼에도 불구하고 엄마는 나에게 두 눈을 뜨고 눈앞의 세계를 마주하라고 가르쳐 주셨다. 보이지 않는 것을 보기 위해 사는 것은, 세상과 직면하며 우리에게 주어지는 것을 기꺼이 받아들이는 일이다. 우리 엄마가 내게 해주신 말이다.

35개의 집-섬 *Thirty-five Houses, or an Island*
2012

Final Remarks

Closing the book, I hope all readers of this book catch a glimpse of our mom through our eyes — our mom, who is also an artist, our artist, who is also a mom. The process of writing the book took me on a whole new journey, reflecting on what it had been like to be like for, quite literally, the entirety of my life. My mom had always been herself, occupied with us and, at the same time, her work. Every day, the four of us were always surrounded by the art pieces that were, at one point in their creation, displayed at museums and presented to the public. The

마치며

책을 마무리하며, 이 책을 읽는 모든 독자들이 우리들의 눈을 통해 예술가이자 어머니로서의 우리 엄마의 모습을 만날 수 있기를 바란다. 글을 쓰는 과정은 완전히 새로운 여정이었고, 내 인생 전체를 되돌아보게 되었다. 우리 엄마는 늘 자기 자신이었다. 우리와 함께 시간을 보내면서 동시에 엄마의 작업을 해나갔다. 우리 네 남매는 매일 엄마의 작품에 둘러싸여 있었다. 엄마가 미술관에서 전시하며 대중에게 선보이는 그 작품들이 창작되는 순간에 말이다. 이 책에는 그런 유년기의 장면들과 추억이 담겨 있다. 우리와 엄마가 함께 자라난 시산이다.

book captures memories and scenes we remember throughout our childhood growing up with our mom.

Our family, all six of us, each has their own experiences even within the moments we spend together: some days, we remember our mistakes, and some days, we remember the joy. In the end, the most important takeaway is to capture the memories we make together with the flaws and gifts they bring as a whole. After all, it's harder for the four of us to imagine life without living with an artist mom — it's harder to imagine life without all six members of our family.

Seoyoung Kim

우리 여섯 식구는 함께 보내는 순간들 속에도
각자의 경험을 가지고 있다. 어떤 날은 실수를
기억하고 어떤 날은 기쁨을 기억한다. 하지만 가장
중요한 것은 우리가 만드는 선물 같은 기억 속에는
그 뒤의 그림자까지도 같이 담긴다는 사실이다.
우리는 그 모든 것을 함께 받아들여야 한다. 그렇기
때문에 우리 넷은 예술가인 엄마와 함께하지 않는
삶을 상상하기 어렵다. 그리고 우리 가족 여섯 명이
모두 함께 하지 않는 삶은 더 상상하기 어렵다.

김서영

Sungim Choi   *Four Pairs of Eyes*

네 쌍의 눈

최성임

1
Another Name

The first time I was given another name in this world, it was actually quite unsettling. Among all names, "mom" felt like a label that both set me apart from the world and consumed me from within. Additionally, the words 'artist' and 'mom' seemed incompatible in the same sentence.

Then a note from my young daughter, "Stay strong mom, keep up the good work," set me on a new path. I never realized the strength and conviction the words 'mom' and 'work' could carry together in a sentence. Together, we've crafted so many sentences that have led me to this book.

1
다른 이름

맨 처음 내가 세상에서 다른 이름으로 대치되었을 때 사실 꽤 당황스러웠다. 수많은 이름 중 특히 '엄마'라는 것은 세상에 맞서게도 하고 자신을 갉아먹게도 하는 분열을 뜻하는 또 다른 단어 같았다. 더구나 '예술가'와 '엄마'라는 단어가 결코 한 문장에서 작동될 수 없음을 느끼는 날들의 연속이었다.

그러다 어린 딸이 건네 준 '엄마 힘내고, 작품 잘 만들어요.'라는 쪽지가 나를 새로운 길로 이끌었다. '엄마'와 '작업'이라는 단어가 한 문장 안에서 얼마나 큰 에너지와 믿음을 생성할 수 있는지 결코 놀랐다. 우리는 그렇게 함께 수많은 문장을 만들며 이 책을 향해 걸어온 것이 아닌가 싶다.

2
One Table

We endeavored to spend as much time together in one space, in the same place, so I continued to work wherever possible: in a cramped car, on a sunbed by the pool, on the sand at the beach, in an unfamiliar chair in a hotel room, and everywhere

Especially around a large white table in our home, we were truly "close." The sounds of typing, cutting, flipping through books, drawing, and more intermingled. We shared meals, laughter, and tears, and we all grew up around that table in our own bodies.

2
하나의 테이블

우리는 될 수 있으면 하나의 공간 안에서, 같은 장소에서 함께 시간을 보내려고 했다. 그러다 보니 나는 좁은 차 안이나, 수영장의 썬 베드 위에서, 혹은 바닷가 모래밭에서, 여행지 숙소의 낯선 의자에서, 그 외에 어디서든 작업을 지속했다.

특히 우리 집의 커다란 하얀 테이블에서 우리는 말 그대로 너무나 '가까이' 있었다. 키보드를 두드리고, 실을 자르고, 책장을 넘기고, 그림을 그리는 등 모든 소리가 섞였고, 다함께 음식을 나눠 먹고, 웃음과 눈물을 나누면서, 우리는 테이블 위에서 각자의 몸으로 자랐다.

3
Four Pieces

I remember the first time I drew an apple when I was learning to draw. Once I started drawing an apple after the plaster pencil sketch stage, it marked my entry into the fundamentals of serious drawing. The shape was sketched to mirror the apple's appearance, and the light and dark were delineated in straight lines to align with the light source. My artistic aspirations expanded as I completed more apples, meticulously drawing each straight line.

Now, as I raise my children, I face apples each morning not with a pencil but with a fruit knife. One by one, I cut each apple into precise quarters and put them on their plates. If any of them are away from home, I eat the remaining slice; I cut it into six equal portions for each member

3
네 조각

그림을 배우던 시절, 처음 사과를 그린 날이 기억난다. 연필로 석고 데생만 하다가 사과를 그리게 되면, 그리기의 기초 과정에 본격적으로 진입했다는 것을 의미한다. 사과의 생김새에 맞게 형태를 그리고, 마치 사과를 깎듯이 빛의 방향에 따라 드러난 명암을 그려나간다. 한 알 한 알 짧은 직선을 반복하며 완성해 낸 사과의 개수만큼 예술을 향한 나의 꿈도 커져갔다.

아이를 키우며, 나는 매일 아침 연필 대신 과일칼을 들고 사과 앞에 선다. 매일 딱 하나의 사과를 과일칼로 정확하게 4등분 해서 아이들의 접시에 담는다. 아이들 중 누군가 집을 떠나 있을 때면 남는 부분을 내가 먹기도 하고, 때로는

of the family, or I cut it into eight equal portions allowing them to take pieces to their preferences. The portions and sizes vary from day to day, as if they were the size of the day that I measure each morning.

The four pieces from the round loaf that end up on each plate become the sustenance for each person for the day, shaping their daily experience. While life often feels elusive, the tangible weight of an apple rests in my hands each morning. Just as I once sketched apples on a blank page while dreaming of art, I now fill my day by touching them.

6등분 해서 모든 식구가 사이좋게 나눠 먹기도 하고, 8등분 해서 각자의 기호에 맞게 먹기도 한다. 사과를 나누는 몫은 매일 달라졌고, 그것이 내가 아침마다 가늠하는 오늘의 크기인 듯했다.

    동그란 덩어리에서 떨어져 나와 접시에 담긴 네 조각의 사과는 오늘치 각자의 몸이 되고, 그러한 하루 하루가 지속된다. 삶은 늘 멀리 있는 것 같아도, 사과라는 구체적인 덩어리는 매일 아침 내 손안에 잡혔다. 빈 종이 위에 사과를 그리며 예술의 꿈을 키웠던 내가, 이제 사과를 직접 만지며 하루를 채우고 있는 것이다.

4
Four Pairs of Eyes

"I'm raising four children, and I work mostly from home." This single sentence stood as both a daring proclamation and a reassuring affirmation throughout my artistic career. The "four children" completing this statement were both a delightful distraction — no better word describes them — and a weighty responsibility I bore on my shoulders. I was unable to engage in any outside activities for seven years post-graduate school, and even after that, I was confined to home, dedicating myself to doing everything I could to survive — nourishing, sleeping, and growing with them.

Now that time has passed, I know they are chatty housemates, proper companions at the table, and keen observers of my artistry. They

4
네 쌍의 눈

'나는 네 명의 아이들을 양육하며 주로 집에서 작업한다.' 이 문장은 지난 시간 내가 작업을 하는 동안 내 마음을 잡아주는 문구이자 위태로운 선언이었다. 이 문장을 완성하게 한 '네 명의 아이들'은 내게 완벽한 — 이 단어만큼 적절한 단어가 없을 만큼 — 방해꾼인 동시에 책임져야 하는 무거운 짐으로 느껴졌다. 대학원을 졸업한 뒤 7년 간 외부 활동은 전혀 할 수 없었고, 그 후로도 나의 시간 중 대부분은 그들을 먹이고 재우고 키우는 데에 썼다. 생존을 위해 온몸을 다했다. 그러한 시간을 보내는 동안에도 작업 시간을 확보하기 위해 고군분투했다. 내 안에는 사그라들지 않는 열정이 있었다.

will continue to share meals with me, occupy my workspace, traverse the seasons alongside me, and be the last scenery I will see at the moment I close my eyes.

As always, having someone's gaze upon me and my creations is both thrilling and nerve-wracking. Yet, in the eyes of my four children, as well as in the home we've built together, I've always felt an unwavering sense of support. They have never been a burden; rather, they shine as four luminous Mousai.

시간이 흐른 지금, 나는 네 아이들이 우리 집의 수다스러운 동거인이자, 테이블 위의 적절한 동료이며, 예술가의 섬세한 관찰자임을 안다. 그리고 그들은 앞으로도 나와 같이 밥을 먹고, 책상을 나누어 쓰고, 계절의 변화를 함께 겪으며, 내가 눈 감는 순간 마지막으로 볼 풍경이 될 것이다.

늘 그렇지만 누군가의 눈으로 나와 내 작업을 본다는 것은 참으로 설레는 한편, 무척 긴장되는 일이다. 네 명의 아이들이 바라본 나와 내 작업, 그리고 우리가 함께 만든 집 안에서 그들은 결코 단 한 번도 내게 짐인 적이 없었다. 오히려 네 개의 반짝이는 영감이었음을 이제와 가슴 깊숙이 느낀다.

Writers' Introduction

We are a family of six. Our mom, our dad, Seoyoung Kim, Jiheon Kim, Jeongmin Kim, and Jihoo Kim. We are a big bunch. The first time anyone comes across our family, they would have one of two answers: "You guys look similar" or "You guys look different." Yes, we are one big family, so, obviously, we look similar. Yet, we are separate individuals, making each and every one of us unique not only in terms of our appearances but our sense of self as well. Even in this book, the penmanship and voice that come from each story will reveal the writer.

글쓴이 소개

우리는 여섯 명의 가족이다. 우리 엄마, 아빠, 김서영, 김지헌, 김정민, 김지후. 우리는 커다란 하나이다. 누구든지 우리 가족과 처음 만난 사람에게는 "너희는 비슷해 보여" 또는 "너희는 다르게 생겼어"라는 두 가지 말 중 하나를 듣게 된다. 우리는 하나의 가족이기 때문에 당연히 닮았다. 하지만 우리는 또 각각의 개인이기 때문에 외모뿐 아니라 자아에도 개성을 가지고 있다. 우리 네 남매도 같은 집에 살고, 같은 경험을 하고 있지만, 전혀 다른 사고방식을 지니고 있다. 이 책에서도 서로 다른 이야기에서 나오는 목소리가 우리 각자를 드러내고 있다.

Seoyoung Kim

I am the eldest of our family. As the oldest daughter, I know I have the most responsibility and role as the second parent or friend to consult for my sisters and brother. Of course, for academics and school-related activities, I could be of help while it is tedious for me from time to time. Nevertheless, I am the eldest of my family, and I enjoy every bit of it. Especially on a positive note, I am the oldest, which means I get a say in bigger decisions and am one of the leaders in our family.

Apart from family, I am a person of neverending curiosity who always inquires and never leaves a question unanswered. I am quite bossy, so as the editor of this book, I constantly pushed my siblings to submit their essays on time, revise, revise, and revise: this time around, it would have been tedious for them, too.

With the past months of writing, I can confidently say that this set of essays of the book encapsulates the essence of our mom, our family, and ourselves. I hope, as much as the memories brought us smiles, the book sheds light on joy for the reader as well.

김서영

저는 우리 가족 중 장녀입니다. 동생들에게 저는 상담할 수 있는 제2의 부모이자 친구로서, 그 책임과 역할이 가장 크다는 것을 알고 있습니다. 동생들의 학업이나 교내 활동에 도움을 주기도 하죠. 물론 때때로 부담이 되기도 하지만, 저는 가족 중 맏이로서 모든 것을 즐기고 있습니다. 긍정적으로 보면, 제가 첫째이기 때문에 주요 결정에 발언권을 갖고 가족을 이끄는 구성원 중 한 명으로 대우받기도 하죠.

가족을 벗어나 보자면, 저는 호기심이 많은 사람이라 항상 궁금한 것이 있으면 묻고, 해결되지 않은 질문을 남겨두지 않는 편입니다. 제가 워낙 독단적인 성격이기도 해서, 이번 책의 편집자로서 동생들에게 에세이를 제시간에 제출하고 수정하고 또 수정하라고 끊임없이 독촉했으니 아마 동생들도 짜증이 났을 겁니다.

지난 몇 달간 글을 쓰면서 이 책에 엄마와 가족들, 그리고 우리 네 남매의 본질을 잘 담아내고자 노력했습니다. 이런 시간들이 우리 가족에게 미소를 가져다준 만큼, 이 책을 읽는 독자들에게도 기쁨을 선사하길 바랍니다.

Jiheon Kim

I am the daughter of my mom and the second oldest of my siblings. I like to think of myself as an outgoing person, never afraid to try something new. I always dream big believing that anything is possible if we simply try.

Witnessing my mom work tirelessly day after day with unwavering dedication, I have seen her navigating through challenges, never once complaining. Her focus always remained on the vision ahead. My mom was an artist who fell in love with art long before she became a mother. She was not planning to give it up even amidst the responsibilities of raising not one, two, but four children. The commitment and devotion she shows to art is more than anyone can imagine, something that only those close would fully comprehend.

I am not a critic evaluating finished artworks; rather, I am a bystander who has closely followed her creative process. I have seen the mistakes she made, the time she invested, and the stress she endured. I know that art is something that keeps her awake at night, something that she finds time to do even during the busiest of days. I know that she always carries her laptop and sketchbook, even to the movie theaters and even during night outs on her birthday.

I am my mom's daughter, and I see the artworks of "my mom", not of an artist.

김지헌

저는 엄마의 딸이자 네 남매 중 둘째로 태어났습니다. 저는 새로운 것을 시도하는 것을 두려워하지 않는 외향적인 사람이라고 생각합니다. 노력하면 무엇이든 가능하다고 믿으며 항상 큰 꿈을 꾸고 있죠.

엄마는 굳건한 헌신으로 매일매일 지치지 않고 일합니다. 저는 엄마가 단 한 번도 불평하지 않고 어려움을 헤쳐나가는 모습을 봐왔습니다. 엄마는 항상 앞에 놓인 비전에 초점을 맞추죠. 엄마는 엄마가 되기 훨씬 전부터 예술과 사랑에 빠진 예술가였습니다. 한 명도, 두 명도 아닌, 네 자녀를 키우는 책임감 속에서도 예술을 포기할 생각이 없으셨죠. 엄마가 예술에 보여준 헌신과 열정은 가히 상상할 수 없을 만큼 대단하며, 가까운 사람만이 충분히 이해할 수 있을 거예요.

저는 완성된 작품을 평가하는 비평가도 아니고, 엄마의 창작 과정을 면밀히 지켜본 관찰자일 뿐입니다. 저는 엄마의 실수, 투자한 시간, 견뎌낸 스트레스를 보았습니다. 예술은 엄마가 밤에도 잠 못 이루게 하지만, 한편으로는 아무리 바쁘더라도 기꺼이 시간을 할애하는 일이에요. 엄마가 영화관에 가거나 생일날 밤 외출할 때도 항상 노트북과 스케치북을 가지고 다니는 걸 저는 알고 있습니다.

저는 엄마의 딸이기에, 예술가가 아닌 '엄마'의 작품을 봅니다.

Jeongmin Kim

My name is Jeongmin Kim, the third child of our Kim family and the only son of our family.

I have passions for writing, sports, and chess. From a young age, I have always had a passion for writing and even hope to write my own book in the future.

And my mom is Sungim Choi. When somebody asks about what my mom does, I would always reply proudly, an artist. I love my mom from my deepest heart, and that is why I wanted to pay her back with my deepest gratitude and write these sets of essays for her. Each essay in this collection is based on my own experiences and interpretations of my mother's artwork and my hopes to introduce them to the world. Through these essays, I hope to pay forward the inspiration my mother has given me and to celebrate her life and art in a manner that is as compelling and beautiful as the artwork she creates.

And, of course, I promise you, I wasn't forced to write any of these — including this sentence!

김정민

저는 김 씨 집안의 셋째이자, 외동아들 김정민이라고 합니다.

저는 현재 글쓰기, 운동, 체스에 대한 열정을 가지고 있습니다. 어렸을 때부터 글쓰기를 좋아했고, 앞으로 제 책을 쓰고 싶다는 꿈도 가지고 있습니다.

우리 엄마의 이름은 최성임입니다. 누군가 엄마의 직업이 뭐냐고 물어보면 저는 항상 당당하게 예술가라고 대답하곤 합니다. 저는 엄마를 진심으로 사랑하기 때문에 엄마에 대한 감사의 마음을 담아 보답하고 싶었고, 엄마를 위해 이 책에 참여하게 되었습니다. 여기 쓴 글들은 엄마의 예술 작품에 대한 저의 경험과 해석을 바탕으로 썼어요. 또 엄마의 작품을 세상에 소개하고 싶은 마음을 담고 있습니다. 제가 쓴 글을 통해 엄마가 제게 주신 영감에 보답하고, 엄마의 삶, 그리고 예술에 대한 태도가 엄마가 만든 작품만큼이나 매력적이고 아름다운 방식으로 기억될 수 있기를 바랍니다.

물론 이 중에서 제가 억지로 쓴 글은 하나도 없다고 약속드릴 수 있어요! 이 문장을 포함해서 말이죠!

Jihoo Kim

I am the youngest of my family of six. I am Jihoo Kim, and I enjoy doodling, traveling, and learning new sports. I grew up watching my mom create her artwork, so I grew interested in her artwork, so I followed her to her studio and her exhibitions. As I watched my mom directly work on her artwork while growing up, I realized my mom is a very hardworking woman, and she will never give up on her dreams.

In my free time, I visit my mom at her studio and work with her. I loved to draw and doodle small artwork, so I'd come to her workplace and draw or paint alongside her. When I would go to her studio, I was mesmerized by what she was creating, and I was influenced by her to draw with passion. I hope this book about my mom, Sungim Choi, brings interest and love of art to other people, just like how she influenced me to start drawing.

김지후

저는 여섯 식구 중 막내예요. 이름은 김지후이고, 그림 그리기와 여행, 새로운 운동 배우기를 좋아해요. 엄마가 작업하는 것을 보고 자랐기 때문에 엄마의 작품에 관심이 생겼고, 작업실과 전시회에 따라다녔습니다. 그런 엄마의 모습을 지켜보았기 때문에, 저는 엄마가 매우 열심히 일하고 절대 꿈을 포기하지 않을 분이라는 것을 알고 있어요.

저는 쉬는 날마다 엄마의 작업실에 따라갔어요. 그림 그리는 것을 좋아해서 엄마의 작업실에서 함께 그림을 그리거나 색칠을 하곤 했어요. 엄마가 만드는 작품에 영감을 얻어 더 열정적으로 그림을 그렸죠. 제가 그림을 그리기 시작한 데에 엄마의 영향이 컸던 것처럼, 이 책이 독자들에게도 미술에 대한 관심과 사랑을 불러 일으키기를 바라요.

Artist Introduction: Sungim Choi

Seoyoung Kim

Sungim Choi is an artist. In others' eyes, she has been alternating between three worlds: her family, her identity, and her vision. However, I have grown to realize that it has always been part of one world—intricately intertwined, not segregated worlds utterly detached from one another.

Everyday items easily disregarded often hold the most meaning for her. The dining table is a medium that connects family and art: a place of family communion and artistic composition.
The cramped space of the passenger seat serves as the root of aspiration. What we come across every day is what presents her with the opportunity to consolidate who she is in the world.

> She is my mom.
> She is a woman.
> She is an artist.

아티스트 소개: 최성임

김서영

최성임은 예술가이다. 다른 사람들은 그가 가족과 자신의
정체성, 그리고 예술가로서의 비전, 이렇게 세 개의 세계를 오가며
살아왔다고 생각할 것이다. 하지만 나는 커가면서 그 세 가지가
분리되어 있는 것이 아니라 서로 얽힌 하나의 세계라는 걸 알게
되었다. 그리고 그는 그 하나의 세계 안에서 모든 일을 해내고 있었다.

쉽게 간과되는 일상적인 물건들이 최성임에게는 큰 의미를 지닌다.
하얀 테이블은 예술적 아이디어를 구성하는 자리이자 가족이
서로 교감하는 곳으로, 가족과 예술을 이어주는 매개체가 된다.
또 비좁은 차 안의 공간은 예술적 열망의 뿌리가 된다. 우리가 매일
지나치는 것들이 그에게 있어서는 세상 속에서 자기 자신이 누구인지
되새기는 연결고리가 되는 것이다.

그는 우리 엄마이고, 여성이며, 예술가이다.

Jiyeon Kim (Art Critic) *One and Only Life*

단 한 사람의 생

김지연 (미술비평)

There have been three times when I discovered my mother. One morning, I saw her off as she returned to work after her maternity leave, and it was then I realized that she had another life that I didn't know about. On one side of her life was my mother, but on the other side was her other self, working hard, studying in her spare time, and trying to achieve as a professional. The second discovery was about my mother's womanhood, a realization often experienced as daughters mature. There existed another aspect of her that resented the injustices faced by women in marriage and the workplace, and a part that yearned for love and beauty. For the last one, she was a human being. After the passing of her husband, she had to stand alone. When I moved back in with my mother in my thirties, I was surprised to find her behaving differently and showing different tastes. No longer anyone's mother, wife, or professional, she was now searching for a life as herself.

Through these three discoveries, I realized that each facet of her personality harbored different desires, yet all belonged to the same individual. People are multi-layered and complex beings with many facets

나는 엄마를 세 번 발견했다. 육아 휴직을 마치고 다시 출근하는 엄마를 아침마다 배웅하며 그에게 내가 모르는 다른 삶이 있음을 알게 되었다. 그의 삶 한쪽에는 나의 엄마가 있었지만 다른 한쪽에는 열심히 일하고 시간을 쪼개 공부하며 직업인으로서 성취를 이루려는 또 다른 자아가 있었다. 두 번째 발견은 딸이 나이 먹는 과정에서 흔히 깨닫는, 여성으로서의 엄마였다. 여성으로서 결혼과 직장생활에서 겪는 부조리에 분개하고, 한편으론 사랑과 아름다움을 욕망하는 또 다른 자아가 있었다. 마지막은 한 인간이었다. 남편을 먼저 보내고 혼자 남은 그는 오롯이 홀로 섰다. 서른이 넘어 엄마와 다시 살게 되면서 나는 예전과 다른 행동이나 취향을 보이는 그에게 사뭇 놀랐다. 누구의 엄마도 아내도, 어떤 직업인도 아닌 그는 이제 자기 자신으로서 삶을 찾고 있다.

세 번의 발견을 거치는 동안 나는 각각의 자아마다 다른 욕망이 있으며, 그 또한 모두 한 사람의 것이라는 사실을 깨달았다. 사람은 여러 가지 면이 동시에 존재하는 다층적이고 복합적인 존재다. 각각의 자아는 쉽게 합치되기도 하고 때로는 상충하며 매번 다른 모습으로

that exist simultaneously, each of which can easily merge or conflict, revealing itself uniquely each time. The problem arises when we try to define a person by a single aspect.

As a woman who hasn't experienced marriage or childbirth, discussing the experience of "motherhood" or close relationships with children is challenging for me. I also don't want to discuss the artist's work, as there are already books with critical reviews examining her recent artworks. However, I would like to discuss how an artist's experiences are intimately connected to their works, how humans discover and nurture through their interactions with others, and thus, how they ultimately grow into individual beings.

When an Artist Passes Through the State of "Being a Mother"

Artists sometimes explore subjects close to their own lives or deal with something completely different. However, even if artists don't foreground their personal lives, their process is intimately connected to the life they experience as human beings. Life's

드러난다. 문제는 사람을 하나의 단면으로 정의하려 할 때 벌어진다.

나는 결혼과 출산을 경험하지 않은 여성이라, '엄마 됨'의 경험이나 자녀와의 밀접한 관계를 논하기는 어려운 처지다. 또한, 작가의 최근작까지 모두 살피는 비평서가 이미 출간되어 있으므로 작품에 관해 논하고 싶지도 않다. 그럼에도 이 글을 시작하는 것은, 예술가가 통과하는 경험이 얼마나 작업과 긴밀하게 맞닿아 있는지, 그리고 인간이 어떻게 타자를 발견하고 서로를 길러 내며, 마침내 개별 존재로 성장하게 되는지 이야기하고 싶기 때문이다.

예술가가 '엄마 됨'의 상태를 통과할 때

예술가는 자신의 삶과 밀접한 주제를 탐구하기도, 완전히 동떨어진 것을 다루기도 한다. 그러나 작업 전면에 삶을 드러내지 않더라도 작업 과정은 한 인간으로서 통과하는 삶과 긴밀하게 연결되어 있다. 삶의 마디가 꺾이는 변곡점들은 어떤 방식으로든 작업에 영향을 미치게 마련이다. 그 중 '엄마 됨'의 경험은 여성 예술가에게

inflection points inevitably influence their work, and the experience of "being a mother" is a significant inflection point for female artists. Although giving birth and raising a child may seem similar experiences, they vary greatly for each individual. Standing alone amidst change and experiencing countless ups and downs, leaves a distinct mark on their lives, both positive and negative. For some, it's a life-changing experience.

What should be remembered here is that the experience of "being a mother" may be a period of a woman's life, but it is not the entirety of it. Just as experiences that bring about great changes in life cannot replace one's identity, "being a mother" itself is not a substitute for a person's identity, even if significant change and growth occur along the way. Like any other life experience or role, "being a mother" is a transient phase, a state of being at a particular time.

Nevertheless, there is a tendency to replace female artists going through the experience of "being a mother" with the identity of "mom artist." This prejudice that "being a mother" is the most significant

커다란 변곡점이다. 똑같이 아이를 낳고 기르는 것처럼 보여도 사실 개인마다 너무도 다른 개별적 상황을 겪는다. 변화 앞에 홀로 서서 수많은 부침을 겪으며, 긍정적이든 부정적이든 인생에 특별한 흔적을 남긴다. 간혹 누군가에게는 인생을 송두리째 바꾸는 경험이 된다.

여기서 기억해야 할 것은 '엄마 됨'의 경험은 여성의 인생 중 한 시기일지언정 전부는 아니라는 점이다. 인생의 큰 변화를 가져오는 경험이 한 사람의 정체성을 대체할 수 없듯이, '엄마 됨'의 과정에서 커다란 변화와 성장을 겪더라도 '엄마 됨' 자체가 한 여성의 정체성을 대신할 수 없다. '엄마 됨' 역시 인생의 다른 경험이나 역할처럼 통과하는 시절, 한 시기에 겪는 '상태'다.

그럼에도 '엄마 됨'의 경험을 겪는 여성 예술가의 정체성을 '엄마 예술가'로 교체하려는 시선이 있다. 이는 여성 예술가라면 누구나 '엄마 됨'이 가장 특별한 경험일 것이라는 착각, '엄마 예술가'들은 당연히 모성과 여성성을 주제로 작업할 것이고 엄마라는 정체성을 영원히 가져갈 것이라는 편견이다. 기성 사회가 가지고 있는 모성 신화와 같은 맥락이다.

experience for any female artist perpetuates the myth that "mom artists" will only work on themes of motherhood and femininity, forever identified solely as mothers. It's akin to the myth of motherhood in established society.

While it's true that "being a mother" poses realistic limitations on an artist's self-fulfillment, limited time and energy compel them to prioritize the role of "mother" during this period. In this process, female artists focus on what they can accomplish while "being mothers." Hence, their identity as a "mom artist" is reinforced by external perceptions. However, as previously mentioned, individuals can embody multiple identities concurrently. "Being a mother" and "being an artist" may conflict or align in certain cases.

The life of an artist is a process of completing a world over the course of a lifetime, so life and art are bound to intermingle without boundaries, and the various states or roles they pass through are foundational to their artistic world. Even during a period of "being a mother" when artistic activity may be limited, one may still be an "artist" if they question who they are and what they do. I recall someone saying

물론 예술가의 자아를 성취하는 데에 있어서 '엄마 됨'의 상태는 현실적인 제한이 된다. 한 사람이 가진 한정된 시간과 에너지는 전적으로 '엄마'의 역할을 성취하는 데에 쓰일 수밖에 없다. 이 과정에서 여성 예술가들은 '엄마인 상태'로 할 수 있는 작업에 주력한다. 이들을 '엄마 예술가'라는 정체성으로 규정하는 외부의 시선이 더욱 공고해지는 이유다. 그러나 앞서 언급했듯이 사람은 여러 가지 정체성을 동시에 가질 수 있다. '엄마 됨'과 '예술가'는 경우에 따라 상충할 수도, 합치될 수도 있다.

한 예술가의 삶은 전 생애에 걸쳐 하나의 세계를 완성하는 과정이다. 그렇다면 삶과 예술은 경계 없이 섞일 수밖에 없고, 그 과정에서 거치는 수많은 상태나 역할은 모두 그의 세계를 이루는 밑거름이 된다. 한때 '엄마 됨'의 상태를 거치며 상대적으로 작업에 소홀하더라도 내가 누구인지, 어떠한 작업을 할 것인지 스스로 묻는다면 그는 어엿히 '예술가'의 상태일 수 있다. 시인은 직업이 아니라 정신이라는 누군가의 말을 떠올려 본다. 예술가 또한 하나의 정신이다. 예술가의 정신을 가진 채 경험한 것들은

that a poet is not a profession but a spirit. An artist is also a spirit. Every experience in the spirit of an artist influences subsequent work.

However, neither "being a mother" nor "being an artist" is insignificant in life, so neither should be overshadowed, pushed aside, or erased by the other. Striking a balance is important, but we need eyes to observe, hands to record, voices to speak, and movements to stand in solidarity. And here, now, are the eyes of those who have witnessed life up close as they navigate the state of "being a mother" with an artist's identity.

The Unknown World of the Other

As expressed in one of the essays, "I used to think teachers lived at schools," a child can only see from where one stands. This egocentric view is innate to humans. Only as we establish our own existence through love and care do we begin to acknowledge and understand others through encounters with the unfamiliar. We come to realize that there are perspectives different from our own, sometimes not in

모두 그다음의 작업에 영향을 미친다.

다만 '엄마 됨'과 '예술가' 중 어느 하나도 삶에서 중요하지 않은 것은 없으므로, 한쪽이 다른 한쪽에 가려지거나, 밀려나 삭제되지 않는 것이 중요하다. 개인이 균형을 잡는 것도 중요할 테지만, 그러한 상태를 관찰하는 눈, 기록하는 손, 말하는 목소리, 연대하는 움직임이 필요하다. 그리고 지금 여기, 예술가의 정체성을 가지고 '엄마 됨'의 상태를 거치는 삶을 가까이에서 목격한 이들의 눈이 있다.

타인이라는 미지의 세계

'선생님은 학교에 산다고' 생각했다는 본문의 내용처럼, 어린 시절에는 자기가 선 자리에서 보이는 단면밖에 알 수 없다. 인간은 자기중심적으로 태어나기 때문이다. 사랑과 보살핌을 받으며 자기의 존재를 먼저 단단히 한 뒤에, 비로소 낯선 것과 부딪히며 타자의 존재를 인지하고 발견한다. 내가 보는 면의 반대편도 있으며, 나와 다른 입장도 존재하지만, 그것이 언제나 내게 유리하지는

our favor. Learning to see the world through others' eyes exposes us to previously unknown realities, leading to continuous encounters with others that expand the boundaries of our understanding.

Upon completing graduate school, Sungim Choi, who had married and given birth to four children, belatedly resumed working again. How did the children, accustomed to the presence of their "mother", feel encountering a completely different and unfamiliar person? The four children, or the four writers of this book, meet a stranger who was once their "mother" in an unfamiliar landscape. They observe the silhouette of someone working late at the table, the peculiar sounds she makes, and the small, mysterious discoveries she makes while moving slower than others.

The four writers, who always traveled in the car with the art materials, now perceive something new. They come to understand that repeating small, tedious tasks by hand is a form of meaningful expression, and they witness a red, dirty ball in the atelier that passes through their mother's hands, eventually transforming into a huge tree. The unwashed car contains the passion of a busy artist, Sungim Choi. They come to

않다는 사실을 깨닫는다. 타인의 시선으로도 세상을 바라볼 줄 알게 되면서 미처 알지 못한 세계를 만난다. 그렇게 우리는 사는 동안 계속해서 타자를 만나며 내가 아는 세계의 경계를 갱신한다.

    대학원 졸업 후 바로 결혼과 출산을 하고 네 아이를 기른 최성임 작가는 뒤늦게 다시 작업을 시작했다. 흔히 말하는 '엄마'의 존재에 익숙해진 아이들은 전혀 다른 모습의 낯선 그를 만나며 어떤 기분이었을까. 네 아이, 그러니까 이 책의 네 저자는 낯선 풍경 속에서 한때 '엄마'였던 타자를 만난다. 함께 둘러앉아 각자의 일을 하던 테이블에 가장 늦게까지 남아 무언가 해내는 사람의 그림자, 그가 내는 낯선 소리들, 남보다 느리게 걸으며 발견해내는 작고 신비로운 것들을 옆에서 지켜본다.

    늘 작품 재료와 함께 차에 실려 다니던 네 저자의 눈에는 이제 다른 것이 보인다. 작고 번거로운 작업을 손으로 반복하는 것이 의미를 짓는 행위라는 것을 배우고, 작업실에 있던 붉고 더러운 공이 엄마의 손을 거쳐 마침내 거대한 나무가 되는 광경을 목격한다. 미처 세차하지 못한 차 안에는 바쁘게 움직이는 예술가 최성임의 열정이

realize that she lavishly devotes her love to them while hassling in a tug-of-war between the roles of artist and mother. It's all encompassed in "mother"—a human being struggling in every aspect, a life intertwined with both art and existence.

In this seemingly ordinary yet unusual life, they discover their mother as a professional artist, and in turn, they discover her at her most human. It's an extraordinary experience to uncover the multifaceted nature of a family member. The four writers now understand that her artwork reflects her life. They find life in her art and art in her life; they finally comprehend that these two realms are not separate, and that other artists also live such interconnected lives behind their work. It's a previously unknown world, a little secret that life unveils.

They now know exactly how the artist cut the threads to create the trunks of the flowers and trees (Seoyoung Kim), and they begin to delve into Sungim Choi's inner world as a human being through her work, grasping her passions, fears, and hopes for the future (Jeongmin Kim). In the sentence "I don't see the work of Sungim Choi as an artist, I see it as a mother" (Jiheon

담겨 있었다. 그가 예술가와 엄마라는 역할 사이에서 줄다리기하면서도 자신들에게 아낌없이 사랑을 쏟았다는 사실 또한 이내 깨닫는다. 그 모든 것이 '엄마'였다. 곳곳에서 고군분투하는 한 인간, 삶과 예술이 뒤섞인 하나의 생이 거기 있었다.

 그들은 이렇게 평범한 듯 평범하지 않은 일상 속에서 직업인이자 예술가로서의 엄마를 발견하고, 다시 엄마가 아닌 인간 최성임의 면면을 발견한다. 가정 안에서 입체적인 타인을 발견하는 놀라운 경험이다. 네 저자는 이제 그의 작품이 한 사람의 삶을 담고 있다는 진실을 안다. 예술에서 삶을 발견하고 삶 속에서 예술을 발견하길 반복하며, 마침내 두 영역이 떨어져 있지 않음을 깨닫는다. 그리고 다른 예술가들도 작품 뒤에서 그러한 삶을 살아가고 있다는 사실 또한. 이전에는 몰랐던 세상이자 인생이 선사하는 작은 비밀이다.

 그들은 이제 작가가 어떻게 실을 잘라서 꽃과 나무의 줄기를 만들었는지 정확히 알고 있으며(김서영), 작품을 통해 인간 최성임의 내면으로 건너가 그의 열정, 두려움, 미래에 대한 희망을 이해하기 시작했다(김정민).

Kim), "mother" no longer refers to a static role; it naturally evolves as the perspectives of the four writers change, depicting the artist as a human being passing through the state of "being a mother."

All beings and events are multifaceted. Understanding life means recognizing that opposites, such as hate and love, stability and adventure, can coexist. We are a complex blend of these contradictions. Life doesn't lead to a single correct answer; rather, it broadens our perception to encompass a spectrum of truths. As we learn to discern multiple truths, the internal and external worlds merge. The unknown world of others is also an external world accessible through collision, encounter, and reconciliation. Sometimes, to reach the core, we must begin our discovery from the outermost world.

Bodies that Nurture Each Other

In The Adventure of Encounters (originally titled La Rencontre in French, meaning "The Encounter", published in Korea by Other People's Thoughts, 2022), a philosophical book exploring the significance of

예술가인 최성임의 작품을 보는 것이 아니라 엄마의 그것을 본다(김지헌)는 문장에서 '엄마'란 이제 납작한 하나의 역할을 칭하는 단어가 아니다. 그것은 네 저자의 시선이 달라짐에 따라, '엄마 됨'의 상태를 통과하는 인간 최성임을 부르는 단어로 자연스레 변화한다.

 모든 존재와 사건은 다면적이다. 인생을 안다는 것은 미움과 사랑, 안정과 모험처럼 대립하는 항들이 동시에 존재 가능하며, 사람 또한 그러한 대립 항이 뒤섞인 복합적인 존재임을 깨닫는 일이다. 우리는 시간을 쌓으며 하나의 정답에 도달하는 것이 아니라 진실의 면면을 더 폭넓게 살피는 눈을 기른다. 여러 개의 진실을 가늠할 수 있게 되는 사이에 나의 안과 밖을 이루는 세계가 화해한다. 타인이라는 미지의 세계 또한 그렇게 부딪히고 만나고 화해하며 닿을 수 있는 바깥의 세계다. 때로는 가장 먼 곳을 발견해야 가장 가까운 곳에 닿을 수 있다.

시로를 키우는 몸

우리의 삶에서 타인과 낯섦을 만나는 사건의 의미에

life events that connect us with strangers, author Charles Pepin argues that childhood experiences are paramount. The things we encounter as children, when we are still inexperienced, leave deep imprints on our minds and profoundly influence our interactions later in life. He refers to this as the "history of sensitivity." Childhood sensitivity shapes our future perceptions. Therefore, for the benefit of artists' children, artists should share their work with them, nurturing their "future sensitivity" to understand the existence and lives of others.

On the one hand, raising a child entails observing their growth as a human being. Conversely, for a child, it involves witnessing their parent's evolution and growth. Seoyoung Kim, one of the writers, acts as a troubleshooter, aiding her mother with computer issues, while also acknowledging her own youthfulness and reliance on her mother's care. None of us are flawless, regardless of our life stage. By acknowledging each other's imperfections and filling in the gaps, we transcend our surface roles and become nurturers.

In that sense, the table where the six family members gather becomes a place where they evolve

대해 철학적으로 다룬 책 『만남이라는 모험』(타인의 사유, 2022)에서 저자 샤를 페팽(Charles Pepin)은 어린 시절의 경험이 무엇보다 중요하다고 말한다. 아직 경험이 적은 어린 시절에 만난 것들은 마음 깊이 새겨져 이후의 인생에서 겪는 만남에 큰 영향을 끼친다. 그는 이를 '감수성의 역사'라고 부른다. 어린 시절에 느낀 감수성은 한 인간의 미래의 감수성까지 결정짓는다는 것이다. 그러니 예술가의 아이들을 위해서라도, 예술가들은 자신의 일을 아이들과 공유할 필요가 있다. 타인의 존재와 삶을 이해하는 '미래의 감수성'을 위해서 말이다.

    한편, 아이를 키우는 일은 한 인간의 성장을 지켜보는 과정이다. 그런데 거꾸로 아이에게는 자신의 부모인 한 인간의 변화와 성장을 지켜보는 과정이 되기도 한다. 저자 김서영은 엄마가 컴퓨터를 잘 다루지 못해 어려움을 겪을 때마다 도움을 주는 해결사지만, 동시에 아직 한 사람의 성인이 아닌 자신이 엄마로부터 보살핌을 받고 있다는 사실을 정확히 인지한다. 우리는 어느 시절의 어떠한 누구라도 완벽하지 않다. 서로를 바라보고 빈 곳을 메워줄 때 표면적인 역할을 넘어 서로를 키우는 존재가 될 수 있다.

as individuals while witnessing each other's growth. Despite sharing the same environment and parents, they possess distinct perspectives because, as the artist notes, they have grown "around that table in our own bodies." Apart from the artist herself, the other five bodies around that table are the most significant encounters of her life. They have nurtured each other across the table.

Discovering others and understanding their ways of being allows us to view our lives from an external perspective, expanding our worldview to its limits. In this process, love motivates us to actively explore each other, resulting in unimaginable growth. Just as a plant's stem bears the marks of its growth, so do the lives of those who encounter the unfamiliarity of others. It serves as proof of their presence in each other's lives.

"In Selfhood, Artisthood, Motherhood" (Factory, 2022), a book with a collection of stories by female visual artists on the theme of "being a mother-motherhood", Dani Daeun Kim expresses that as a woman and a mother, she confronts vastness daily in her life and art, craving understanding and empathy

그런 의미에서 여섯 가족이 둘러앉은 테이블은 각자의 존재로 성장하는 자리이자 타인의 성장을 함께 지켜보는 자리이다. 같은 환경, 같은 부모 아래에서 자랐어도 서로 다른 생각을 하고 다른 시선으로 사건을 바라보는 것은 작가의 말대로 '테이블 위에서 각자의 몸으로' 자랐기 때문이다. 그리고 자신을 제외한 나머지 다섯 개의 몸은 인생에서 처음 만난 가장 중요한 존재다. 그들은 테이블을 사이에 두고 서로를 키워왔다.

타인을 발견하고 그가 존재하는 방식을 이해하는 일은 거꾸로 내 삶을 바깥에서 바라보고 그 경계까지 나의 세계를 넓히는 경험이다. 이 과정에서 사랑이 있다면 더욱 적극적으로 서로를 발견하기 위해 뛰어들고, 마침내 상상할 수 없는 성장을 이루곤 한다. 마치 식물의 줄기에 성장의 흔적인 마디가 남듯, 타인이라는 낯섦과 부딪히며 사람의 삶에도 흔적이 남는다. 서로가 서로의 삶에 존재했다는 증거다.

'어머니인 상태 마더후드(Motherhood)'를 주제로 여성 시각예술가들의 이야기를 담은 책 『자아, 예술가, 엄마』(팩토리, 2022)에서 저자 김다은은 여성이자 엄마로서

from others. If Sungim Choi requires companions to navigate this vastness, the four writers who have witnessed her life up close could be her allies.

The Work Called Life

Louise Bourgeois explored themes from her own life throughout her artistic career. Her animosity towards her father inspired radical installations, while her mother's motherhood led her to create giant spider sculptures around the world. Bourgeois's early work, characterized by attempts to heal through art and confess her personal history, exudes intensity. However, the vivid imagery of her youth contrasts sharply with the eucalyptus motifs prominent in her later years.

During Bourgeois's childhood, eucalyptus served as a medicinal herb to care for her ailing mother, and she later used its leaves to purify her studio. What significance lies in incorporating the eucalyptus leaf, symbolizing her bond with her mother, into her work after all these years? Perhaps it signifies her reconciliation with the past, having spent her final

삶과 예술 안에서 매일 광활함을 마주하고 있다며, 타인의 이해와 공감이 절실하다고 말했다. 이 광활한 인생을 건너는 데에 동료가 필요하다면, 최성임 작가에게는 그의 삶을 가까이서 지켜본 네 저자가 든든한 동료가 될 수도 있겠다.

삶이라는 작업

루이스 부르주아(Louise Bourgeois)는 평생에 걸쳐 자신의 삶을 주제로 작업했다. 아버지에 대한 증오로 과격한 설치 작품을 만들거나, 어머니의 모성을 주제로 거대한 거미 조각을 세계 곳곳에 설치했다. 개인사를 고백하는 예술로 자기 치유를 시도했던 부르주아의 젊은 시절 작품은 이처럼 강렬하다. 그런데 유칼립투스를 모티브로 작업한 말년의 작품들은 매우 대조적이다.

　부르주아의 어린 시절, 병든 어머니를 간호하기 위해 약용으로 사용했던 허브가 바로 유칼립투스였다. 그는 나중에도 작업실을 정화하기 위해서 유칼립투스 잎을 자주 태우곤 했다. 어머니와의 관계를 상징하는

years immersed in work and motherhood. Both the intense works of the past and the gentle, life-like drawings of her later years are Bourgeois's own. It is a multifaceted face that can only come from someone who has lived through one life and accomplished the long work of living.

Life unfolds continuously, punctuated by encounters with unexpected strangeness. As individuals traverse their respective paths, they intersect and impart fragments of themselves, overlapping their worlds. Where gazes meet, a place of love is provided, and unique pieces remain whenever each other's worlds encounter, intertwine, and collide. Embracing the inexplicably beautiful, we move on to the next encounter. It is the process of one person being completed while passing through the work of life.

The four writers are approaching adulthood. In a few years, Choi will end her role as a "mother." How will the artist's work evolve once the experience of "being a mother" concludes, and what future will the children, shaped by their diverse family experiences, create as they mature? The narratives within this book explore the closure of one artist's "motherhood" and

유칼립투스 잎을 오랜 시간이 지나 작품 속으로 소환한 것은 어떤 의미일까. 부르주아 또한 자녀를 낳아 기르고 작업하며 지난한 생을 보내는 동안 마침내 과거와 화해를 이루었음을 나타내는 것이 아닐까. 과거의 강렬한 작품도, 부드러운 생명력을 품은 말년의 드로잉도 모두 한 사람의 것이다. 하나의 인생을 통과하며 삶이라는 기나긴 작업을 일구어낸 사람만이 가질 수 있는 다면적인 얼굴이다.

  삶은 어떤 순간에도 계속되고, 예상치 못한 낯섦을 반복해서 마주할 수밖에 없다. 각자 자신만의 궤도를 도는 동안, 서로 부딪히고 조금씩 곁을 내어 주며 서로의 세계를 겹쳐 간다. 시선이 섞이는 곳에는 사랑의 자리가 마련되고, 서로의 세계가 마주치고 엮이고 부딪힐 때마다 유일무이한 조각들이 남는다. 설명할 수 없이 아름다운 그것을 끌어안고 우리는 다음의 만남으로 나아간다. 삶이라는 작업을 통과하며 한 사람이 완성되어 가는 과정이다.

  네 저자는 곧 성인이 된다. 그렇다면 최성임 작가는 수년 안에 '엄마'의 역할을 종료하게 될 테다. '엄마 됨'의 경험이 끝났을 때 이 예술가의 작업에는 어떠한 변화가

the "childhood" of the four writers. This text in twofold serves as a springboard for a narrative that branches in myriad directions.

While the apple, once divided into six pieces, may one day be consumed by each individual alone, love would still linger there, right where their gazes meet. When there is love that has a clear beginning, we can always gather around a table with others and share an apple. Like Jihoo Kim's paintings, in each time slicing different apples, there will be a new encounter and another story to tell. As I turn the final page of the book, I cast my gaze into the distance, at the end of the work of life, where each of them completes their own unique journey, no one else's.

있을까. 가족 안에서 무수한 타인을 만나는 경험을 한 아이들은 자라서 어떤 미래를 만들게 될까. 이 책에 담긴 것은 한 예술가의 '마더후드'를 담는 이야기이자, 네 저자의 '차일드후드'를 담는 이야기다. 이 이중적인 텍스트는 여러 갈래로 확장하는 이야기의 시작점이 된다.

여섯 조각으로 쪼개던 사과를 언젠가는 제각각 혼자 먹게 될지라도, 사랑은 여전히 서로의 시선이 섞여든 바로 그 자리에 있다. 시작이 명확한 사랑을 가진 이들은 언제든 또 다른 타인과도 쉽게 둘러앉아 사과를 나눌 수 있다. 김지후의 그림처럼 그들이 서로 다른 모양의 사과라면, 앞으로 그 사과를 쪼갤 때마다 새로운 마주침과 또 다른 이야기들이 펼쳐질 것이다. 이 책을 닫으며, 멀리 다음을 바라본다. 삶이라는 작업 끝에 각자 완성할, 그 어떤 누구도 아닌 단 한 사람의 유일한 생을.

Acknowledgements

Seoyoung Kim

Our Dad wakes up every day and goes out for a run in the early morning while everyone else is still deep asleep. On the weekends, he cooks delicious meals for everyone—no one knows whether it's Italian pasta, Japanese rice bowls, or a new Korean dish. My mom, my siblings, and I are all always looking forward to it. Our Dad says, "If you want to do something, do it, and if you think you can do it, always try it." So, in this book, I would also like to express my gratitude to our Dad who always supports us.

My grandparents gave our family a white table as a gift a long time ago. In fact, before that, we had a brown table that was a little too cramped for six people to sit at. Now, that white table has become a space where all six of us can sit together to do our own work and be together as a family, too. We are grateful to our grandparents who have always been with us.

We are also thankful to my aunt, who has cheered us on and made us smile both at home and outside, ever since we were very young.

마음을 담아서

김서영

우리 아빠는 모두가 아직 깊이 잠든 어두운 새벽에 일어나 혼자 달리러 나가신다. 그리고 주말이면 매끼 맛있는 음식을 해주신다. 그게 이탈리안 파스타일지, 일식 덮밥일지, 퓨전 한식일지는 아무도 모른다. 그래서 엄마, 나, 그리고 동생들은 주말마다 모두 기대하곤 한다. 아빠는 우리에게 하고 싶은 것이 생기면 꼭 하고, 할 수 있을 것 같으면 반드시 도전하라고 해주셨다. 항상 우리를 응원하고 지지해주는 아빠에게 감사의 마음을 전한다.

그리고, 할머니 할아버지께서는 오래전 우리 가족에게 하얀 테이블을 선물하셨다. 사실 그전에는 여섯 명이 앉기에는 조금 벅찬 갈색 테이블이 있었다. 이제 그 하얀 테이블은 우리 여섯 명이 모두 앉아서 각자의 일을 하고, 함께 시간을 나눌 수 있는 공간이 되었다. 우리와 항상 함께해 주신 할머니 할아버지께 감사드린다.

우리기 아주 어렸을 때부터 집과 집 밖에서 우리를 응원하고 웃게 해준 이모에게도 감사하다.

네 개의 사과와 하얀 테이블

김서영, 김지헌, 김정민, 김지후
그리고 최성임 지음

편집 김서영, 김지연, 최선주
프로젝트 기획 김서영
그림 김지후, 김지헌
번역 김지원, 최선주
디자인 김아해
사진촬영 전병철
사진제공 최성임
후원 인천문화재단

초판 1쇄 2024년 7월 20일
초판 2쇄 2024년 8월 19일
초판 3쇄 2024년 10월 25일
퍼낸곳 선드리프레스
info.sundrypress@gmail.com
신고번호 제307-2018-55호

이 책에 수록된 모든 이미지와
글의 저작권은 해당 저자 및
예술가에게 있으므로 무단
전재 및 재배포를 금합니다.

최성임 작가 홈페이지
www.sungimchoi.com

Four Pairs of Eyes

Seoyoung Kim, Jiheon Kim, Jeongmin Ki
Jihoo Kim & Sungim Choi

Edited by Seoyoung Kim, Jiyeon Kim,
Sonjue Choi
Project Planned by Seoyoung Kim
Drawings by Jihoo Kim, Jiheon Kim
Translated by Jiwon Kim, Sonjue Choi
Designed by Ahae Kim
Photographed by Byeongcheol Jeon
Images provided by Sungim Choi
Sponsored by Incheon Foundation for
Arts & Culture

First published by Sundry Press 2024
info.sundrypress@gmail.com

Copyright ⓒSeoyoung Kim,
Jiheon Kim, Jeongmin Kim,
Jihoo Kim, Sungim Choi 2024

All rights reserved. No part of this
book may be reproduced or transmitted
in any form or by any means without
prior permission in writing from the
publishers and copyright holder.

ISBN 979-11-971518-7-3(00600)
KRW 25,000